기적의 사과

KISEKI NO RINGO

Copyright © 2008 by TAKUJI ISHIKAWA, GENTOSHA
Korean translation rights arranged with GENTOSHA INC.
through Japan Uni Agency, Inc., Tokyo and Korea Copyright Center, Inc., Seoul.

기적의 사과

이시카와 다쿠지 | 이영미 옮김

奇跡のリンゴ

김영사

기적의 사과

저자_ 이시카와 다쿠지
역자_ 이영미

1판 1쇄 발행_ 2009. 7. 15.
1판 30쇄 발행_ 2024. 12. 1.

발행처_ 김영사
발행인_ 박강휘

등록번호_ 제406-2003-036호
등록일자_ 1979. 5. 17.

경기도 파주시 문발로 197(문발동) 우편번호 10881
마케팅부 031)955-3100, 편집부 031)955-3200, 팩스 031)955-3111

저작권자 ⓒ 이시카와 다쿠지, 2008

본 저작물의 저작권은 (주)한국저작권센터(KCC)를 통한 저작권자와의 독점 계약으로 김영사에 있습니다. 저작권법에 의해 한국 내에서 보호받는 저작물이므로 무단 전재와 무단 복제를 금합니다.

값은 뒤표지에 있습니다.
ISBN 978-89-349-3518-6 03810

홈페이지_ www.gimmyoung.com   블로그_ blog.naver.com/gybook
인스타그램_ instagram.com/gimmyoung   이메일_ bestbook@gimmyoung.com

좋은 독자가 좋은 책을 만듭니다.
김영사는 독자 여러분의 의견에 항상 귀 기울이고 있습니다.

위험에서 벗어나게 해달라고 기도하지 말고
위험과 용감히 맞설 수 있게 해달라고 기도하게 하소서.

고통을 가라앉게 해달라고 청하지 말고
고통을 이겨 내는 마음을 청할 수 있게 하소서.

인생이라는 싸움터에서 아군을 찾지 말고
스스로의 힘을 찾아낼 수 있게 하소서.

불안과 두려움 속에서 구원을 갈망하지 말고
자유를 쟁취하는 인내심을 갖게 하소서.

성공 속에서만 당신의 은혜를 느끼는
비겁한 자가 아니라, 실의에 빠졌을 때야말로
당신의 귀하신 손을 잡고 있음을 알아채게 하소서.

―타고르, 〈기도〉

일러두기

- 이책에서는 '농약'이라는 어휘를, 취급상 전문적 지식 및 주의 의무를 부여받은 일반적 농약이라는 의미에서만 사용했으며, 현행 농업 관계 법규상 특정 농약으로 지정되어 있는 식초는 이 책에 표기한 '농약'의 범주에 포함시키지 않았다. 이유는 크게 두 가지다.
먼저 그중 하나는 법률이 식초를 특정 농약으로 지정한 것은 농작물 재배에서 식초가 거두는 일정한 효과를 인정하고, 또한 그 안전성을 보증하는 것이 목적이므로, 취급에 전문적인 지식 및 주의를 필요로 하는 일반적인 농약과는 구별한다는 것.
둘째는 농약 사용에 관련해 현재는 그 문제점이 다양한 방면에서 제기되고 있으나, 이 경우의 '농약'은 식초와 같은 특정 농약을 의미하는 것은 아니라는 게 명백해 보이기 때문이다.
따라서 이 책에서 농약이라는 말이 의미하는 것은 어디까지나 사회 통념상(이라고 저자가 생각하는)의 '농약'이며, 법률 정의에 따른 것은 아님을 밝혀 둔다.

이시카와 다쿠지

이 책은 2006년 12월부터 2008년 6월까지 저자가 기무라 아키노리 씨와 그 주변을 취재하고 구성한 내용이다.

머리말

썩지 않는 사과를 키우는 농가

우리 프로그램 〈프로페셔널-프로의 방식〉에서 '사과 농가 기무라 아키노리 씨' 편을 방송한 것은 2006년 12월 7일이었습니다.

그 방송은 2006년 1월 프로그램을 시작한 이후, 이례적으로 큰 반향을 불러일으켜 몇 개월에 걸쳐 7백 통이 넘는 메일과 편지가 NHK로 몰려들었습니다. 재방송을 보고 싶다, 기무라 씨에게 편지를 보내고 싶다, 재배 방법을 상세히 배우고 싶다는 바람과 더불어 가장 많았던 사연은 '단 한 번만이라도 좋으니 기무라 씨의 사과를 먹어 보고 싶다'는 내용이었습니다.

프로그램은 도쿄 시로카네다이白金台에 있는 레스토랑 장면에서부터 시작됩니다.

반년 후까지의 예약이 꽉 차 있을 정도로 알 만한 사람은 다 아는 숨겨진 맛집, 그 레스토랑의 간판 메뉴 중 하나가 바로 '기무라 씨의 사과 수프'입니다. 주방장 이구치 히사카즈井口久和 씨가 사과를 자르며 말합니다. "이 사과는 썩질 않아요. 생산자의 혼이 깃들어 있어서 그런가……."

이구치 씨의 주방에서 2년 전부터 보관했다는 두 조각으로 가른 사과를 구경했습니다. 보통 사과는 가른 채 보관하면 금방 갈색으로 변하고, 결국은 썩어 버립니다. 그러나 기무라 씨의 사과는 썩지 않았고, 마치 '시든' 것처럼 조그맣게 오그라들어 있었습니다. 그리고 연붉은 빛깔을 띤 채, 과자 같은 달콤한 향을 뿜어내고 있었습니다.

우리가 취재를 시작한 것은 2006년 여름이었습니다.

'농약도 비료도 안 쓰는데 가지가 휠 정도로 사과가 열리는' 농가가 있다는 정보를 처음 들었을 때, 사실 나는 선뜻 믿기지 않았습니다. 아오모리 현青森縣 히로사키弘前 시에서 태어난 나에게 농약 살포로 새하얘진 사과 과수원은 어릴 적부터 눈에 익은 광경이었고, 사과 농가들이 병충해를 막기 위해 엄청난 노력과 시간을 들인다는 사실도 잘 알고 있었기 때문입니다.

하지만 기무라 씨가 키우는 사과는 농약은커녕 유기 비료도 전혀 쓰지 않을뿐더러 '썩지도 않는다'고 합니다. 도대체 무슨 비밀이 있는 걸까요.

나는 마음속에 작은 의문을 품은 채 이와키마치岩木町(현재는 히로사키 시)에 사는 기무라 아키노리 씨를 찾아갔습니다. 사전에 얻은 정보에 따르면, '상당히 독특한 사람'인 것 같았습니다. 나는 창호지가 찢어진 거실에서 만난 기무라 씨에게 쓰가루津輕 지방 사투리로 물었습니다.

"어떻게 농약도 안 쓰고 사과를 키웁니까?"

"자주 물어보는 말인데, 나도 잘 모르겠어. 아마 내가 너무 바보라 사과나무가 어이없어서 열매를 맺어 주는지도 모르지. 하하하."

그때는 그가 연막을 친다고 생각했습니다.

6주에 이르는 우리 촬영은 그렇게 작은 의혹을 품은 채 시작되었습니다. 촬영을 시작하고 보니, 기무라 씨는 잘 웃는 사람이었습니다. 자기가 한 농담에 자기 혼자 웃고, 다른 사람 말을 듣고 또 웃고, 심지어는 고통스러운 추억을 이야기하는데도 무슨 영문인지 마지막에는 웃었습니다. 함께 갔던 음향 스태프가 처음에 쓰가루 사투리를 잘 못 알아들은 탓도 있겠지만, "기무라 씨는 왜 저렇게 아무 의미도 없이 웃지"라며 의아한 표정을 지을 정도였습니다. 그러나 취재를 해나갈수록 기무라 씨의 웃는 얼굴 뒤에는 깊은 고뇌와 다른 사람에게는 이루 나 말할 수 없는 과거가 감춰져 있다는 걸 알았습니다. 그리고 우리는 어느새 인생의 밑바닥에서부터 기어 올라오며 고난을 이겨 낸 기무라 씨의 미소에 함께 웃음 짓게 되었습니다.

기무라 씨의 무농약 사과 재배에는 8년에 걸친 시행착오 끝에 다다른 독자적인 노하우가 있었습니다. 그런데도 기무라 씨는 여전히 이렇게 말합니다.

"난 워낙 바보라서 언젠가는 될 거라며 멧돼지처럼 냅다 돌진한 것뿐이야."

이윽고 가을. 기무라 씨는 정말로 농약도 비료도 안 쓰고, 나뭇가지가 휠 정도로 사과 열매를 맺게 했습니다. 수확한 사과를 가지고 시행한 잔류 농약 검사에서도 농약은 검출되지 않았습니다. 우리는 그 밭에서 거둔 귀중한 사과를 먹었습니다. 그것은 나무 한 그루에서 한 개밖에 딸 수 없다는 '히야케'('햇볕에 탄, 가뭄으로 마른'이라는 뜻)라 불리는 사과였습니다. 여름 내내 햇빛을 너무 많이 받은 탓에 사과 표면이 갈라져 버려서 상품 가치가 없는 사과입니다. 그러나 겉보기와는 반대로 그 사과는 우리가 지금껏 먹어 본 것과는 완전히 다른 과일이었습니다. 베어 물면 아사삭 소리가 날 정도로 씹는 맛이 확실하게 느껴졌습니다. 게다가 강렬한 단맛과 신맛. 기무라 씨가 '나무 열매'라고 부르는 표현에 딱 들어맞는 야생의 맛이었습니다.

농약도 비료도 안 쓰는데 어떻게 사과가 열리는지에 대한 과학적인 메커니즘은 아직도 명확하게 밝혀지지 않았습니다. 확실한 것은 잡초가 우거진 기무라 씨의 밭에서는 수많은 벌레들이 숨 쉬고, 개구리가 알을 낳고, 새들이 지저귄다는 것입니다. 그곳은 참으로 기분 좋은 장소입니다. 사과나무도 틀림없이 같은 느낌일 거라 생각합니다.

프로그램에서는 무농약 사과 재배라는 기무라 씨의 도전의 나날들을 다 소개할 수 없었습니다. 그것을 책으로 엮어 보자는 말을 꺼

낸 사람은 프로그램 진행자인 모기 겐이치로茂木健一郎 씨였습니다. 책으로 만들자는 얘기가 나온 지 1년 반 만에 이렇게 책이 완성되었습니다.

  이 책에는 저자인 이시카와 다쿠지 씨가 직접 취재한 새로운 내용들을 많이 덧붙였습니다. 프로그램에서 미처 다 전하지 못한 기무라 아키노리 씨의 길고 장절한 도전의 기록이 여기에 있습니다.

시바타 슈헤이
(NHK〈프로페셔널-프로의 방식〉 감독)

프롤로그

사과 재배 역사를 바꾼 도전

나가사키長崎의 인공 섬 데지마出島에서 에도까지 여행했던 독일인 의사 지볼트(1796~1866)의 기행문 《에도 참부 기행江戶參府旅行》에는 일본의 아름다운 농촌 풍경을 이렇게 기록하고 있다.

"일본 농민은 놀라울 정도의 근면함을 발휘해 산비탈 아래쪽의 자갈투성이 토지를 풍요로운 곡물과 채소 밭으로 바꿔 놓았다. 깊은 도랑으로 나뉜 좁다란 밭두둑에는 보리, 밀, 유채와 배추, 겨자, 비둘기콩, 완두콩, 무, 양파 등이 약 30센티미터 간격으로 가지런히 재배되고 있다. 잡초 한 포기, 돌멩이 하나 눈에 띄지 않는다. 〔……〕지금 우리는 큰길에 서서 멋진 경치를 한없이 바라본다. 양쪽에는 초록빛 못자리와 채소밭이 있고, 소나무 숲을 관통하며 마을과 마을 사이를 잇는 길은 우리 고향 공원에 있는 산책로와 비슷하다. 그 길은 모퉁이에 다다르면, 새로운 경치로 여행자를 놀라게 할 의도로 만든 것처럼 보인다."

지볼트의 글을 읽다 보면, 내가 농촌이나 에도 시대 사람도 아닌데 왠지 모르게 자랑스러운 기분에 젖어든다.

그것이 몇백 년 전부터 이어져 내려온 일본의 모습이다.

돌을 쌓아 올려 세운 거대한 성당이나 세계의 바다를 지배하는 함대가 유럽 문명의 상징이라면, 온 마음을 다해 정성 들여 손질한 논이나 비질한 흔적이 남아 있는 길은 일본 문명의 진수라 할 수 있다.

일본인은 근면을 존중하고 청결을 중시하며 작은 이 섬나라의 구석구석까지 깨끗이 비질을 했고, 모를 심고 콩과 채소를 키우며 살아왔다.

쓰가루 평야에 홀로 우뚝 치솟은 봉우리인 이와키岩木 산의 기슭에 끝없이 펼쳐지는 사과 밭도 예외는 아니다.

어느 밭을 둘러봐도 사과나무들은 말끔하게 가지치기가 되어 있고, 뿌리 주변의 잡초는 잔디처럼 바짝 깎여 있다. 푸른 이파리 한 장 한 장이 여름 햇빛을 받으며 살 닦아 놓은 거울처럼 눈부시게 반짝였다. 잘 손질된 사과 밭이 끝없이 펼쳐진 그 광경을 바라보고 있노라면 지볼트가 아니라도 누구나 칭송하고 싶어 할 것이다.

사과 농가 사람들에게 아름답고 깨끗한 밭을 만드는 일은 풍요로운 결실을 얻기 위해서는 반드시 해야 할 일일 뿐만 아니라, 농가 사람이라면 꼭 갖춰야 할 예의라 할 것이다.

그런 의미에서 보더라도 그 사과 밭의 주인이 쓰가루 사투리로 '파산'을 의미하는 '가마도케시'(아궁이를 뜻하는 '가마도'와 끄다의 명사형 '게시'의 합성어)라는 최악의 별명으로 불린 것은 어쩔 수 없는 일이었을지도 모른다.

1980년대 중반의 어느 해 여름이었다.

여름으로 접어들어 녹음이 더욱 짙어진 사과 밭 일대는 이와키 산에서 불어오는 바람을 타고 몇억, 몇십억 장의 잎들이 한꺼번에 흔들렸는데, 마치 파도치는 바다와도 같았다.

그런 경치 속에 딱 한 곳, 유별난 밭이 섞여 있었다.

가장 먼저 눈에 띄는 것은 제멋대로 자란 잡초였다. 군데군데 사람의 가슴 높이까지 치솟은 풀들이 우거져 있었다.

올해 들어 단 한 번도 풀베기를 하지 않았다는 것쯤은 한눈에도 알 수 있었다.

그 잡초 밭에서는 마치 제 세상인 양 메뚜기가 폴짝거리고, 벌이 날아다니고, 개구리가 울어 대고, 들쥐와 토끼까지 이리저리 뛰어다녔다. 밭이라기보다 사람의 손이 안 닿은 야산 풍경이었다.

눈앞을 가로막는 무성한 수풀을 헤치며 잡초로 우거진 산속을 한 발 한 발 전진하는 등산을 '야부코기'라고 한다. 그 밭에서는 사과나무 한 그루에 도달하기 위해 야부코기라도 해야 할 형편이었다.

높이가 3, 4미터에 이르는 사과나무 손질에는 접사다리가 꼭 있어야 한다. 보통 밭들은 잡초를 짧게 깎고 다져 놓아서 테니스를 할 수 있을 만큼 지면이 평평하다. 접사다리를 옮기느라 고생하는 일은 상상도 할 수 없지만, 그 밭에서는 접사다리 하나 옮기는 것도 만만치 않은 일이었다. 밭 주인은 가슴팍까지 풀숲에 파묻힌 채 굵은 땀방울을 흘리며 접사다리를 옮겼다.

그 고생을 할 바엔 차라리 풀을 베는 게 훨씬 편할 것이다. 뿐만 아니라 잡초는 벌레의 발생지가 될 수도 있다. 제발 풀베기라도 해 달라고 이웃 농가가 부탁하러 와도 밭 주인은 꿈쩍도 하지 않는다.

그것만으로도 주변 농가의 빈축을 사기에 충분한데, 그보다 더 심한 것은 가장 소중한 사과나무의 상태다.

여름을 맞은 이때, 다른 밭의 사과나무에는 잎이 무성하고, 가지가 휘지 않을까 걱정될 정도로 푸릇푸릇한 열매들이 주렁주렁 매달렸다. 그런데 그 밭의 사과나무에는 열매가 거의 열리지 않았다. 잎의 수도 기이할 정도로 적었다. 여름인데도 잎이 꽤 많이 떨어진 상태였다.

뿐만 아니라 가까스로 붙어 있는 잎들에도 다갈색 반점과 거무죽죽한 섬댕 같은 게 들러붙어 있었다. 구멍이 숭숭 뚫린 잎도 꽤 많았다.

그 밭만 피부병에 걸려 털이 빠진 개처럼 황폐하기 이를 데 없었다.

왜 저렇게 황폐해졌을까.

주변 농가에선 그 이유를 모르는 사람이 없다.

농약을 뿌리지 않기 때문이다.

밭 주인은 최근 6년 동안이나 사과 밭에 단 한 방울의 농약도 뿌리지 않았다. 당연한 일이겠지만, 사과나무는 병과 해충의 위협을 받았고, 이른 봄에 싹을 틔운 잎들은 여름이 오기도 전에 대부분 떨어져 버렸다. 그로 인해 몇 년간은 꽃도 피지 않았다.

자기 밭이 그런 지경이 되어 버렸는데도 밭 주인의 행동은 도무지 이해할 수 없고, 불가사의했다.

그는 날이 밝기도 전에 밭으로 나와서 온종일 사과나무에 붙은 벌레를 손으로 직접 잡는가 하면, 잡초 풀숲에 하루 종일 꼼짝 않고 앉아 있는 일도 흔했다. 그런가 하면 분무기에 식초를 넣어 사과나무에 뿌리거나 식용 기름으로 나무껍질을 닦기도 했다. 아무래도 정상적인 사과 농가는 아닌 것 같았다.

오늘은 아침부터 줄곧 사과나무 아래에서 팔베개를 하고 누워 있다. '가마도케시'는 아궁이의 불을 꺼뜨린다는 뜻이다. 한 가정의 생활의 중심이 되는 아궁이 불을 꺼뜨린다는 말은 다시 말해 집안이 망해 가족이 거리로 내몰릴 위기에 처했다는 뜻이다. 농가에 그보다 심한 모욕은 없지만, 그 남자에게는 그야말로 딱 어울리는 험담이었다.

아니, 남자가 밭에 앉거나 누워서 뭘 하는지 그 내막까지 안다면, 가마도케시 정도가 아니라 머리까지 이상해졌다고 생각할지 모른다.

남자는 누워서 자고 있는 게 아니었다.

따가운 여름 햇살 아래 잡초에서 뿜어 나오는 풋내에 둘러싸인 채, 사과나무 잎을 갉아 먹는 해충을 바라보고 있었다.

풀숲에서는 벌레들이 울었다. 노랗게 마른 잎이 뚝뚝 떨어졌다.

이름 모를 날벌레가 붕붕 둔한 날갯소리를 내며 남자의 얼굴을 스치듯 날아갔다.

고요한 산자락 밭이라도 하루 종일 빈둥거리다 보면 온갖 일들이 생기게 마련이다. 하지만 그런 바깥세상 일들이 남자의 눈이나 귀에는 하나도 들어오지 않았다.

남자의 눈은 오로지 한 마리 해충의 움직임만 좇고 있었다.

사과나무에 해를 입히는 벌레는 셀 수 없을 정도로 많다.

이른 봄의 어린잎이나 꽃망울을 갉아 먹는 갈색잎말이나방, 검모무늬잎말이나방과 같은 잎말이나방 종류를 시작으로, 잎을 먹는 자벌레와 진딧물, 잎응애, 열매를 해치는 유럽조명나방과 깍지벌레……. 대표적인 것만 들어도 30종을 훌쩍 뛰어넘는다고 한다.

그날 남자가 열심히 보고 있던 것은 자벌레였다.

보통 자벌레의 굵기는 기껏해야 3, 4밀리미터 정도인데, 그 자벌레는 놀랍게도 사람 새끼손가락만 했다. 몸길이도 새끼손가락 길이를 넘어섰다. 사과 잎을 닥치는 대로 먹어댄 게 틀림없다.

남자의 시선 끝에서는 통통하게 살이 오른 자벌레가 사람이 엄지손가락과 집게손가락을 폈다 오므렸다 하며 길이를 재는 것 같은 우스꽝스러운 동작으로 사과 잎 뒷면을 기어가고 있었다.

자벌레의 움직임은 아주 느리다. 여유롭게 잎 한 장을 다 먹어 치우고 나서야 다음에 먹을 잎을 찾기 시작한다. 그것도 되는대로 먹는 게 아니라 자기들 나름의 취향이 있는 듯싶다.

우선 병든 잎은 절대 먹으려 들지 않는다. 건강한 초록빛 잎인데도 무슨 영문인지 자벌레가 거들떠보지도 않는 잎이 있다.

자벌레는 아마도 그들만이 알아볼 수 있는 먹음직한 잎을 찾아 사과나무 잎에서 잎으로 천천히 옮겨 가는 것 같다.

그것만으로도 조바심이 나는데, 갑자기 동작을 뚝 멈추고 꿈쩍도 하지 않을 때가 있다. 무슨 기척에 놀란 걸까, 아니면 단순한 변덕일까. 10분이고 20분이고 몸통 끝에 달린 발만으로 나뭇가지에 매달려서는 잔가지처럼 온몸을 곧게 뻗은 자세로 고정해 있다. 몸의 빛깔이나 모양도 놀라울 정도로 회백색 사과나무 잔가지와 비슷하게 보호색을 띠고 있다. 자세히 살펴보면 입에서 뽑아낸 아주 가느다란 실로 가지에 자신의 몸을 고정시키고 있다.

제아무리 교묘하게 잔가지를 모방한다 해도 밭 주인의 눈에는 자벌레라는 게 훤히 보이지만, 새의 눈에는 그렇지 않은가 보다. 움직이는 벌레는 눈 깜짝할 사이에 새의 먹이가 되지만, 동작을 멈춘 자벌레는 공격당하지 않는다.

그는 아침부터 줄곧 자벌레의 그런 행동을 사과나무 아래서 눈을 크게 뜨고 뚫어져라 지켜보았다.

소중한 사과나무를 못 쓰게 만드는 얄미운 적이다.

벌레의 습성을 익히면 퇴치 방법을 찾을지도 모른다는 게 밭 주인의 생각인 듯하지만, 자벌레를 바라보는 그의 눈빛은 너무나 다정하고 부드러웠다.

어떤 의미에서 보면, 그 자벌레 때문에 사과 농가인 남자의 가정 경제가 엉망이 된 것이다. 잎을 갉아 먹혀 황폐해진 사과나무는 이미 몇 년 동안 열매를 맺지 못했다. 수입 없는 해가 이어졌고, 가족 일곱이 당장 거리로 내쫓길 만큼 극심한 가난에 허덕이고 있었다.

그런데도 팔뚝에 뚝 떨어진 자벌레를 손가락으로 집어 돋보기로 벌레를 유심히 들여다보더니 잎으로 다시 돌려보낸다.

"너무 많이 먹으면 안 된다."

심지어 벌레에게 그런 말까지 건네면서.

밭 귀퉁이에는 남자가 종이 상자 조각에 써놓은 벌레에게 보내는 경고 팻말까지 세워져 있다.

'벌레에게 보내는 경고! 이 이상 밭에 해를 입히면, 강력한 농약을 사용하겠다!'

아무리 생각해도 평범하진 않다.

그러나 평범하지 않기 때문에 남자는 그런 터무니없는 일을 시작할 수 있었던 것이다.

농약을 쓰지 않고 사과를 기르는 것.

간단히 말하면, 그것이 그의 꿈이었다.

적어도 그 시대에는 백 퍼센트 실현 불가능하다고 여긴 꿈이었다.

이시카와 다쿠지

_차례_

머리말_ 썩지 않는 사과를 키우는 농가 • 7
프롤로그_ 사과 재배 역사를 바꾼 도전 • 12

1 한 가지에 미치면 반드시 답을 찾는다
한 가지에 미치면 • 24
사과 재배의 역사 • 32
가업을 이어받다 • 40

2 아무것도 하지 않는 자연 농법
농약에 예민한 아내 • 52
자연은 완결된 시스템이다 • 65
화학 비료 사용을 멈추다 • 72

3 고목 숲을 푸른 사과 밭으로
벌레들의 천국이 된 사과 밭 • 80
'농약'이 아오모리 사과를 살렸다!? • 89
백 년 전 사과 밭으로 역행하다 • 97
농약을 대신할 만한 식품 • 102

4 어렴풋한 희망에 매달린 나날
꽃이 피지 않는 사과나무 • 112
'파산자'라는 별명 • 118
아버지의 꿈이 가족의 꿈이 되다 • 123
출구가 보이지 않는 선택 • 129

5 사과나무에게 말을 건네다

벌레 잡기와 식초 뿌리기 •138
사과나무가 들려주는 소리 •142
이 세상에 태어난 의미 •147
숲속 나무에겐 농약이 필요없다 •155

6 나무만 보지 말고 흙을 봐라

잡초를 자라게 하다 •162
사과나무를 지키기 위해서라면 •168
병도 벌레도 자연의 일부다 •179

7 자연, 사과나무, 인간의 합작품

9년 만에 만개한 사과 꽃 •198
이게 정말 사과요? •203
눈물이 흐르는 사과 맛 •213

에필로그_ 달 착륙보다 더 소중한 인류의 미래 •230
추천의 말_ 나무 위로 펼쳐지는 창공 •239
옮긴이의 말_ 내 눈과 손이 곧 농약이고 비료다 •243

1

한 가지에 미치면 반드시 답을 찾는다

농약을 안 쓰면 사과 수확은 꿈도 꿀 수 없다.
사과 재배의 현실을 아는 사람에게 그것은 상식 이전의 문제이다.
농약을 안 쓰면 수확이 줄어든다는 식의 단순한 이야기가 아니다.
농약을 안 쓰면 사과 밭이 남아나지 않기 때문이다.
평년의 10퍼센트 이하 수확이라는 큰 피해를 입은 나무는 이듬해에 꽃을 피우지 못한다.
꽃이 안 피면 당연히 열매도 맺을 수 없다.
다시 말해 무농약 재배를 2년간 계속하면, 사과 수확은 거의 확실하게 제로가 된다는 뜻이다.
현대의 사과와 빌헬름 텔이나 뉴턴 시대의 사과 사이에는 엄청난 차이가 있다.
무농약 사과를 재배할 수 없는 가장 큰 이유도 거기에 있다. 바로 품종 개량 때문이다.
오늘날의 사과는 옛날 사과와는 전혀 다른 과일이다.

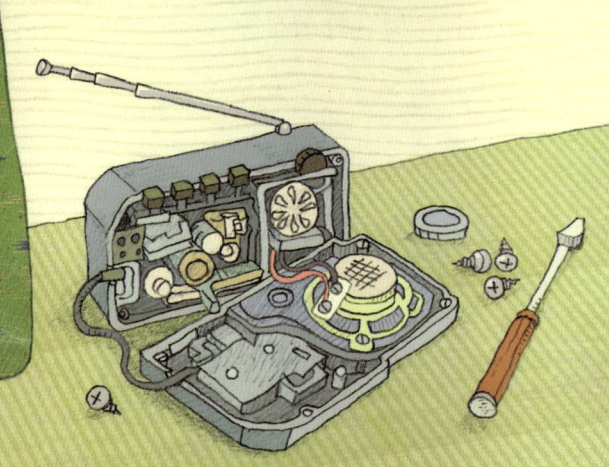

한 가지에 미치면

그의 이름은 기무라 아키노리木村秋則 다.

내가 기무라 씨를 처음 만난 것은, 그가 열매를 맺지 않는 사과나무 아래에서 자벌레를 바라보던 시절로부터 약 20년 후, 그러니까 2006년이 저물어 갈 무렵이었다.

기적의 사과. 기무라 씨가 만든 사과를 우리는 그렇게 부른다.

그 사과는 구하는 것 자체가 힘들다. 그의 사과로 만든 주스의 3분의 1은 어느 정치가가 독점으로 사들인다느니, 또 그의 사과로 만든 최고의 수프를 내놓는 도쿄의 프랑스 레스토랑은 1년 후까지의 예약이 꽉 찼다느니, 이런저런 말들이 무성하다.

그런 소문은 수없이 들어 왔다.

기무라 씨는 사과 무농약 재배에 30년 가까운 세월을 바쳐 온 사람이다.

보나마나 꽤 깐깐한 사람일 거라 예상했는데, 도쿄에서 전화를 걸어 취재 요청을 하자, 이쪽이 허망할 정도로 선선히 허락해 주었다.

그의 자택은 아오모리 현 JR 히로사키 역에서 자동차로 30분쯤 걸리는 이와키마치에 있다. 이와키마치는 나카쓰가루 군中津輕郡에 소재한 곳이었는데, 그해 2월에 행정 구역 합병으로 히로사키 시의 일부가 되었다.

택시로 찾아오기 힘들 테니 역까지 마중을 나오겠다고 했다.

그런데 약속 시간에 맞추어 히로사키 역에 도착해 한참을 기다려도 기무라 씨의 모습이 보이지 않았다. 전화를 걸어도 연결되지 않았다. 자택 전화는 계속 통화 중이었고, 기무라 씨의 휴대 전화는 신호음만 울릴 뿐이었다.

가까스로 연락이 닿은 것은 한 시간 뒤였다.

"미안합니다, 미안해요. 갑자기 손님이 오는 바람에……. 지금 바로 모시러 가겠습니다. 정말 미안해요."

전화기 너머에서 들려오는 기무라 씨의 목소리는 나도 모르게 귀에서 수화기를 떼게 할 정도로 컸다.

따지고 보면 취재를 부탁한 것은 이쪽이므로 그렇게까지 사과할 필요는 없었다. 게다가 기무라 씨의 강한 쓰가루 억양에는 사람의 마음을 부드럽게 어루만져 준다고 할까, 어떤 묘한 매력이 있는 듯했다. 눈 내리는 역 앞 로터리에서 한 시간이나 기다린 것쯤은 깨끗이 잊을 만큼.

기무라 씨가 곧바로 데리러 오겠다고 했지만, 그러면 또다시 몇십 분을 기다려야 할 상황이었다. 결국 택시를 잡아타고 기무라 씨의 집으로 향하기로 했다.

벚꽃으로 유명한 히로사키 성城 수로를 따라 난 길을 지나고 시가지를 통과해 이와키 강을 건너자, 눈앞에 숨이 턱 막힐 정도로 아름답고 웅장한 산이 우뚝 솟아 있었다. 바로 이와키 산이었다.

쓰가루의 후지富士 산이라는 별명에 걸맞게 그 모습이 후지 산과 매우 비슷했다. 화산 활동에 의해 만들어진 성층 화산인 점에서 보면 후지 산과 형제라고 말해도 좋겠지만, 이와키 산은 남동생이라기보다는 여동생이었다. 완만한 곡선을 그리며 평야로 이어져 내려오는 산자락은 흔히 헤이안平安 시대의 양갓집 규수들이 입었던 주니히토에十二單(남자의 속대束帶에 해당하는 옛날 여관女官의 정장正裝. 여러 벌의 홑옷을 껴입었으며, 겉으로 갈수록 짧아져 소매가 겹쳐 보였기 때문에 붙은 이름)에 비유된다. 쓰가루 평야에 사는 사람들에게는 특별한 의미를 띠고 있으며, 오랜 옛날부터 신앙의 대상이 된 산이기도 하다.

기무라 씨의 집이 있는 이와키마치는 그 산기슭에 펼쳐진 평야에 자리 잡은 마을이다.

히로사키 시와 합병되었어도 이와키마치 사람들이 사과 재배와 벼농사 중심의 농업으로 생계를 꾸려 가는 상황에는 변함이 없다. 주변에는 도호쿠東北 지방의 전형적인 농촌 풍경이 펼쳐져 있었다.

집까지 오는 길을 찾기 힘들 거라며 기무라 씨가 눈 속을 헤치고 근처 주유소까지 마중을 나왔다. 나이는 50대 중반을 넘었고, 짧게 자른 머리에는 흰머리가 꽤 많이 섞여 있었다. 키는 크지도 작지도 않았다. 그 세대의 평균쯤이라고 할까. 오랜 세월 육체노동에 단련된 사람 특유의 강인해 보이는 근육과 마른 체형을 하고 있었다.

그러나 이렇게 쓰면 말도 없고 표정도 별로 없는 사람을 떠올릴지 모르겠다. 성격에 한해서만 말하자면, 그는 일본인의 전형과는 상당히 거리가 멀었다.

첫 대면인데도 그는 주름 많은 얼굴에 미소를 가득 머금으며 맞아 주었다.

만난 순간부터 몇십 년 전부터 알고 지낸 그리운 사람을 만나는 기분에 젖어들게 했다. 옆에 있는 것만으로도 이쪽까지 유쾌해질 정도로 기무라 씨는 밝고 쾌활했다.

기무라 씨의 거실 겸 사무실로 안내를 받은 후에야 전화가 연결되지 않은 이유를 알았다.

끊임없이 팩스가 들어오기 때문이었다.

기무라 씨의 사과 판매는 일반 유통 경로를 밟지 않는다. 진정한 의미의 산지 직송이다. 엽서나 팩스 주문을 받아 생산자인 기무라 씨가 구매자에게 직접 택배로 보낸다. 너무 유명해져서 생산량이 주문량을 따르지 못하는 상황이 이미 몇 년째 계속되고 있다. 그날 취재하는 동안에도 주문 팩스는 끊이지 않았다.

사과 무농약 재배라는 난제에 도전한 대가로 기무라 씨 일가가 오랜 세월 혹독한 가난을 견뎌 낼 수밖에 없었다는 이야기는 오래전에 들어 알고 있었다. 하지만 그건 이미 10년도 더 지난 옛일이었다.

현재는 신문이나 텔레비전에서도 앞 다퉈 소개하는 유명 인사가 되었고, 전국적으로 그를 따르는 사람들이 넘쳐 났다. 최근에는 해외까지 무농약 재배법을 가르치러 다닌다. 게다가 그의 사과는 날개 돋친 듯 팔려 나갔다. 당연히 수입도 늘었을 테지만, 거실을 둘러보는 것만으론 그런 기미를 조금도 찾아볼 수 없었다.

아마도 기무라 아키노리라는 사람은 윤택함에는 별 관심이 없는 듯했다.

소박한 농가 생활이 그곳에 있었다. 다다미와 창호지는 이미 몇 년째 바꾸지 않은 것 같았다. 주변에서 버려진 길 고양이를 다 맡아 키우는 바람에 집 안에는 고양이가 여러 마리나 어슬렁거렸다. 창호지를 새로 발라도, 다다미를 바꿔도 금세 발톱으로 긁어 댈 게 뻔해서 바꾸지 않는 모양이다. 낮은 밥상 위엔 고객 관리용 컴퓨터가 놓여 있었다. 아직도 MS-DOS를 쓰고 있었다. 그 골동품 컴퓨터 옆에는 사과 주문 팩스가 산더미처럼 쌓여 있었다.

요즘 들어서는 사과 주문뿐만 아니라, 기무라 씨에게 보내는 격려와 인생 상담 팩스가 상당히 늘어난 듯했다.

"텔레비전에 나간 후로 많은 사람들이 전화도 하고 팩스를 보내더라고. 젊은 사람도 많지만, 주지 스님, 의사 선생님 등 다양한 직업을 가진 사람들한테 연락을 받았지. 얼마 전에는 얼굴이 무섭게 생긴 '형님' 셋이 커다란 외제 차를 타고 우리 집까지 찾아왔지 뭐야. 그땐 정말 무서웠지. 도대체 뭔 일인가 싶어서 말이야……."

그러면서 기무라 씨는 도호쿠 지방의 한 대도시 이름을 말했다.

"그곳에서 일부러 날 만나러 왔다는 거야. 용건이 뭐냐고 물었더니 '잠깐 전화 좀 받아 주시겠습니까' 라며 휴대 전화를 건네는 거라. 상대는 아마 두목인 것 같았어. 무슨 일인가 했더니 '텔레비전을 보며 눈물을 흘렸다' 하더라고. 아주 오랜만에 울었대. 그 말을 전하고 싶어서 사람들을 보냈다더군. '언제 한번 당신과 술 한잔하고 싶다' 면서."

기무라 씨의 인생이 NHK의 〈프로페셔널-프로의 방식〉이라는 프로그램에 소개된 것이 그해 12월 초였다.

"그때 했던 한마디 한마디가 가슴에 남았다면서 여러 사람들이 찾아와요. 그런데 내가 워낙 바보라서 무슨 말을 했는지 기억이 잘 안 난단 말이야."

기무라 씨는 그렇게 말하며 이가 없는 입을 활짝 벌리고 웃었다.

기무라 씨는 아직 50대지만, 이가 거의 다 빠져 있었다. 몇 개 안 남은 이도 갈색으로 변한 사과 심처럼 무지러져서 음식 씹는 기능을 잃은 지 오래다. 치료를 받거나 틀니를 하면 좋을 테지만, 기무라 씨는 그런 것조차 하지 않는다. "난 사과 잎과 내 이를 맞바꿨어"라는 싱거운 농을 던지며 혼자 큰 소리로 웃어 젖혔다.

그런 건 안중에도 없는 듯했다.

그의 웃음소리를 독자에게 들려주고 싶은 마음이 간절하다. 그렇게 기분 좋은 웃음소리는 이제껏 들어 본 적이 없다.

"앗앗앗앗아."

H음이 섞이지 않고 A음만 연속으로 흘러나오는 그 웃음소리는 도노 에이지로東野榮治郎가 연기한 미토코몬水戶黃門(에도 시대 미토번水戶藩의 제2대 번주인 도쿠가와 미쓰쿠니德川光國의 별명 '천하의 부장군 미토코몬'에서 따온 명칭)의 웃음소리와 비슷하다. 미쓰쿠니의 웃음소리에서 거드름 피우는 분위기를 제거한 뒤, 밝고 쾌활한 느낌을 50퍼센트쯤 높이면 기무라 씨의 웃음소리가 될지도 모르겠다.

눈 내리던 그날로부터 거의 1년이 흐른 후, 짬을 내서 히로사키에 놀러 갔다. 그의 웃음소리가 듣고 싶어 그곳을 다시 찾은 듯한 기분까지 든다. 유쾌하기만 한 게 아니라, 기무라 씨의 웃음소리에는 바닥을 알 수 없는 강력한 힘이 느껴졌다.

물론 그에게 들은 이야기는 웃으면서 들을 수 있는 내용이 아니었지만……

"한번은 자살할 생각을 했다는 젊은이에게서도 전화가 왔었지. 대학원까지 나왔는데, 학비니 뭐니 해서 부모에게 돈을 수없이 가져다 쓴 모양이야. 그런데 되는 일은 하나도 없고 취직자리도 없어서 집에 돌아갈 수도 없다, 그래서 죽으려고 했는데 텔레비전을 보고 마음을 고쳐먹었다, 살아갈 의지를 되찾았다면서 말이야."

그가 경험한 고통과 좌절에 비하면, 자기 고민 따윈 고민 축에도 안 들어간다고 그 젊은이가 단호하게 말했다고 한다. 그럴 때 무슨 얘기를 해주냐고 묻자, 기무라 씨는 잠시 생각에 잠겼다.

"……으음, 어쨌거나 마음을 고쳐먹어서 다행이라고 했던가? 그러고 나서 바보가 되면 좋다고 말해 줬지. 겪어 보면 알겠지만, 바보가 되는 건 그렇게 간단한 일이 아니거든. 하지만 죽을 마음을 먹을 정도라면 그전에 한번 바보가 되어 보는 것도 좋아. 똑같은 생각을 품어 본 선배로서 한 가지 깨달은 게 있어. 한 가지에 미치면 언젠가는 반드시 답을 찾을 수 있다는 거지."

한 가지에 미치면 언젠가는 반드시 답을 찾는다.

그 말은 기무라 씨의 인생 그 자체였다.

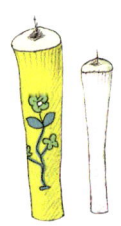

사과 재배의 역사

기무라 씨가 미친 그 '한 가지'는 두말할 것도 없이 사과 무농약 재배였다.

지금까지도 그런 일은 불가능하다고 말하는 전문가가 적지 않다.

농약을 안 쓰면 사과 수확은 꿈도 꿀 수 없다.

사과 재배의 현실을 아는 사람에게 그것은 상식 이전의 문제이다. 농가 출신이 아닌 사람은 이해하기 어려운 말일지도 모른다.

현대 농업이 농약에 크게 의존하는 것은 분명한 사실이다. 거의 대부분의 작물 재배에 농약이 쓰이고 있으며, 농약을 안 쓰고 재배하는 작물이 극히 소수라는 것쯤은 농업에 종사하지 않는 사람도 잘 알고 있다.

하지만 그것은 어디까지나 의존의 문제일 뿐, 농약을 안 쓰면 재배할 수 없다는 이야기가 아니다. 실제로 겉모양새는 좀 떨어져도 농약을 쓰지 않고 기른 채소나 과일이 세상에 나오고 있다.

애당초 옛날에는 농약 같은 게 세상에 존재하지도 않았다.

에도 시대의 농가는 제초제도 살충제도 없이 벼를 키우고 채소를 길렀다. 사과 역시 적어도 뉴턴 시대부터 있었을 터인데, 만유인력의 법칙을 발견하는 계기가 되었다는 그 사과는 농약을 뿌린 것이 아니다. 농약 없이 사과를 재배할 수 없다면, 빌헬름 텔이 아들의 머리 위에 올려놓았던 과일은 사과가 아니라는 말이 된다. 더욱이 14세기 스위스에 농약 살포기가 있을 리 만무하다.

농약을 사용하는 목적은 어디까지나 수확량을 늘리든가, 농사의 노고를 덜든가, 아니면 작물의 겉모양을 좋게 하기 위한 게 아닐까.

그렇게 생각하는 게 일반적이다.

그 생각이 잘못된 건 아니지만, 적어도 현대의 사과 농가에서 볼 때 그런 사고방식은 너무나 안이하다. 농약을 안 쓰면 수확이 줄어든다는 식의 단순한 이야기가 아니다. 농약을 안 쓰면 사과 밭이 남아나지 않기 때문이다.

농작물의 농약 의존도는 농작물의 종류에 따라 상당히 차이가 난다.

한 연구에 따르면, 농약을 안 썼을 경우 병충해로 인해 사과 수확량이 90퍼센트 이상 줄어든다고 한다. 오이도 농약을 안 쓰면 같은 비율의 피해를 입는 작물인데, 그나마 오이는 매년 새 씨앗을 뿌릴 수 있다.

그러나 사과는 그럴 수도 없다. 평년의 10퍼센트 이하 수확이라는 큰 피해를 입은 나무는 이듬해에 꽃을 피우지 못한다. 꽃이 안 피면 당연히 열매도 맺을 수 없다. 다시 말해 무농약 재배를 2년간 계속하면, 사과 수확은 거의 확실하게 제로가 된다는 뜻이다. 농약을 쓰지 않는 한, 그 상황을 호전시킬 방법은 없다.

사실을 밝히자면, 현대의 사과와 빌헬름 텔이나 뉴턴 시대의 사과 사이에는 엄청난 차이가 있다. 무농약 사과를 재배할 수 없는 가장 큰 이유도 거기에 있다.

바로 품종 개량 때문이다.

오늘날의 사과는 옛날 사과와는 전혀 다른 과일이다.

아담과 하와가 에덴동산에서 따먹은 과일이 사과라고 하는데, 구약 성경에는 선악을 알게 하는 나무 열매라고만 쓰여 있을 뿐이다. 선악을 알게 하는 나무가 어떤 나무인지는 확실하게 밝혀지지 않았다. 정체불명의 그 나무 열매가 사과가 된 것은 영어에서나 독일어에서나 사과라는 말이 본래는 나무 열매를 의미하는 말이었기 때문이다.

나무 열매가 곧 사과를 의미했다는 말은 다른 과일을 알기 전부터, 다시 말해 아주 오래전부터 사람들이 사과와 함께해 왔다는 것을 의미한다. 실제로 스위스에서는 4천 년 전 유럽 원주민의 유적에서 탄화된 사과가 발굴되기도 했는데, 이를 두고 그 당시부터 사과가 재배되었다는 증거로 받아들이는 고고학자도 적지 않다.

로마 제국에서도, 그리스의 도시 국가에서도, 고대 이집트에서도, 사과는 잘 알려진 과일이었다. 이로 미루어 보면 인간은 수천 년에 걸쳐 사과를 재배해 왔다는 말이 된다.

장미과 사과속으로 분류되는 이 식물의 야생종은 서유럽에서 아시아까지 아주 넓게 분포해 있다. 그중에서도 현재 우리가 먹는 사과와 직접 연결되는 원산지는 캅카스 산맥의 산기슭 일대라는 설이 유력하다.

이 야생 사과는 일반적으로 작고 신맛과 떫은맛이 강해서 현대인은 먹을 만한 과일이 아니다. 지금도 미국과 유럽에서는 요리나 시드르라는 술 재료로 크랩애플Crabapple(꽃사과)이 재배되고 있다. 야생종에 가깝고 단맛이 적은 조그만 사과다. 이집트나 그리스 사람들이 먹었던 것도 아마 그런 종류의 사과였을 것이다.

하지만 당시부터 접목 방법은 알려져 있었다. 그리스 시대의 문헌에 접목 방법이 쓰여 있는 걸 보면, 조금이라도 품종 좋은 사과가 선택되었고, 접목을 통해 그 품종이 널리 퍼져 나갔다는 것은 상상하기 어렵지 않다. 로마 시대에는 적어도 12가지의 품종이 알려져 있었다고 한다. 현대와 같은 품종 개량은 아니더라도 오랜 세월에 걸친 우연한 품종 개량이 인류가 사과 재배를 시작한 무렵부터 천천히 진행되어 온 것이다.

사실 이것은 사과에만 한정된 이야기는 아니다. 우리가 식용으로 하는 곡물이나 채소, 과일 모두 정신이 아득할 만큼 오랜 세월에 걸쳐 인간이 개량시켜 온 식물이라 해도 과언이 아니다. 쌀이나 보리의 야생종은 다 익으면 낱알이 이리저리 흩날린다. 우리가 먹는 보리나 쌀이 그렇지 않은 것은 인간이 수확하기 편리하게 품종을 개량했기 때문이다. 바나나에 씨가 없는 걸 신기하게 여기는 사람도 있을 것이다. 이 역시 열대 사람들이 수천 년에 걸쳐 씨 없는 개체를 선별해 키워 온 결과다.

멘델이 유전 법칙을 발견하여 18세기 영국에서 두 가지 품종을 교잡해 새로운 품종을 만드는 방법이 발견되면서, 품종 개량 속도는 더욱 가속화되었다. 사람들은 보다 맛있는 사과를 만들기 위해 다양한 품종을 교배하기 시작했다. 나아가 19세기에는 미국에서 사과 품종 개량 붐이 일어났다. 물론 그 바탕이 된 것은 이주민들에 의해 유럽에서 들여온 사과였지만, 신대륙에서 품종 개량한 사과는 구대륙의 옛 사과보다 훨씬 크고 단맛이 강한 과일이 되었다.

좀 더 명확하게 표현하자면, 19세기를 경계로 그 이전의 사과와 그 이후의 사과가 전혀 다른 과일이 되어 버린 셈이다.

수천 년을 이어 온 사과 재배 역사의 흐름 속에서 19세기에 결정적인 변화가 일어났다.

그것은 바로 농약의 발명이다. 현대에는 고전적 농약이라 불리는 석회 유황 합제나 보르도액이 19세기 중반에 발명된 것이다.

물론 농약이 발명되자마자 농민들 사이에 널리 퍼진 것은 아니다. 사과 재배에 본격적으로 농약이 사용된 것은 19세기 말 무렵이지만, 그래도 해충이나 병을 아주 효율 높게 구제하는 약제의 존재는 품종 개량에 대한 사고방식을 근본적으로 바꿔 놓았다.

농약이 존재하지 않던 시대에는 설령 품종 개량으로 단맛의 사과 열매를 맺는 나무를 만들었다 해도 그 나무가 병충해에 약하면 자랄 수 없었다. 달리 표현하면, 농약 같은 걸 안 써도 병충해를 이겨 내는 품종만 재배할 수 있었던 것이다.

그런데 농약의 출현과 함께 그런 제약이 사라졌다. 해충이나 병과의 싸움을 농약이 대신 맡은 것이다. 병이나 해충에 대한 내성을 고려하지 않고, 보다 크고 보다 단 사과 열매를 맺는 나무를 만들 목적으로 품종 개량을 진행할 수 있었다.

사실 현재 우리가 먹고 있는 사과의 거의 대부분은 농약을 쓰고 나서 개발된 품종이다. 다시 말해 농약을 토대로 개량된 품종이다.

그 결과, 오늘날의 사과는 캅카스 산맥의 야생종과는 비교도 할 수 없을 만큼 달고 큰 과일이 되었다. 그리고 그와 맞바꾸기라도 하듯 오늘날의 사과는 야생의 힘을 잃어버렸다. 농약의 도움 없이는 병충해와 싸울 수 없는 매우 나약한 식물이 되어 버렸다는 뜻이다.

사과는 농약에 크게 의존하는 현대 농업의 상징적 존재다.

아니, 굳이 그런 논리를 내세우지 않더라도 사과를 키우는 농가라면 누구나 농약 살포를 게을리 했을 때 밭이 얼마나 쉽게 병충해의 제물이 되는지 몸소 경험을 통해 잘 알고 있을 것이다. 또 농약을 쓸 때 살포 시기나 방법이 잘못되어도 병충해는 발생한다.

하물며 농약이 보급되지 않았던 시대엔 우리의 선조들이 사과를 키우기 위해 얼마나 고생했겠는가. 사과 농가의 자손이라면 그에 관한 이야기는 귀에 딱지가 앉을 정도로 들어 왔다. 오늘날에는 상상조차 할 수 없을 정도의 노동력을 쏟아 붓는데도 아오모리 현의 사과 재배는 몇 번씩이나 고사 위기에 직면했다.

거대한 쓰나미처럼 엄습해 오는 해충 떼, 눈 깜짝할 사이에 만연하는 역병(역병균의 공기 전염으로 생기는 농작물의 유행병. 잎에 어두운 녹색 반점과 흰 곰팡이가 생기며, 마르면 갈색이 됨)…….

따라서 사과 재배의 역사는 벌레나 병과의 절망적인 싸움의 역사이기도 했다.

그 전장에 비친 한 줄기 빛이 바로 농약이었다.

농약이 발명되지 않았더라면 사과 밭은 이미 오래전에 아오모리 현에서 그 모습을 감추었을 것이다.

이런 상황에서 농약을 안 쓰고 사과를 기르겠다니, 그것은 터무니없는 헛소리일 뿐이다.

사과 농가라면 누구나 그렇게 생각한다.

문제는 기무라 씨가 왜 그런 터무니없는 일에 미쳐 버렸느냐 하는 것이었다.

가업을 이어받다

기무라 씨는 1949년 8월에 아오모리 현 나카쓰가루 군 이와키마치에서 태어났다. 생가生家의 성은 기무라가 아니었다.

미카미三上라는, 대대로 이어져 내려온 농가의 차남이었다. 큰 부자는 아니었지만, 꽤 넓은 논밭을 소유한 데다, 사과 밭에서 나오는 수입도 적지 않았으므로 생활하는 데 곤란을 겪었던 기억은 없다. 바나나가 눈이 휘둥그레질 정도로 값비싼 과일이던 시절의 이야기다. 사과는 대표 과일이었고, 가격도 안정되어 있었다. 사과 특산지인 쓰가루 지방의 농가에서는 사과나무가 돈이 되는 나무라고 불릴 정도였다. 사과를 재배하는 한, 가족이 힘을 모아 땀 흘려 일하면 유복한 생활을 할 수 있었다.

다만 할아버지가 고지식한 사람이라 어릴 때 집에서 공부를 하면 야단맞았다고 한다. 할아버지의 눈에 비친 학문이란 일종의 도락이

어서 농가 아이들이 그런 데 빠져들면 도시에 있는 대학에 가고 싶다는 말을 꺼낼 게 뻔했다. 부모의 전답을 팔아넘기게 만드는 원인이 된다는 사고방식이 그 무렵 농촌에는 뿌리 깊게 남아 있었다.

그래서 공부는 늘 할아버지가 잠든 한밤중에 했다.

공부할 책상을 사주지도 않았고, 한밤중에 전등을 켜면 금방 들키고 만다. 책상 대신 사과 상자를 창가에 붙여 놓고, 창으로 들어오는 달빛에 의지해 공부하고 있으면, 어머니가 몰래 초를 가져다주었다. 촛불은 하나만 켜면 그늘이 지기 때문에 세 개를 세워 놓고 공부했던 기억이 지금까지 생생하게 남아 있다.

"숙제를 안 해가면 선생님한테 야단을 맞잖아. 할아버지와 선생님 사이에 끼여 이러지도 저러지도 못하고 곤란했지."

기무라 씨는 그렇게 말하며 웃었지만, 아마도 공부가 싫지 않았던 모양이다. 자신 있는 과목은 산수와 과학. 그리고 그림에서도 어른 뺨치는 재능을 발휘했다. 초등학교 숙제로 산수화풍의 먹그림을 그려 갔을 때는 선생님에게 야단맞았을 정도였단다.

결국 그 그림은 어느 대회에서인가 금상을 받았지만, 선생님은 끝까지 어른이 그려 줬을 거라고 의심했다.

그런 소년 시절을 보내면서도 그가 가장 열중했던 대상은 기계였다.

보통 아이들과 다름없이 그 역시 어린 시절에는 장난감을 가지고 놀았다. 다만 노는 방식이 여느 아이들과는 조금 달랐다.

초등학교 저학년 때 이야기인데, 할아버지를 졸라 로봇 장난감을 선물 받았을 때도 집에 도착하기 전에 로봇은 이미 원형을 잃어버렸다. 돌아오는 버스 안에서 조각조각 분해했던 것이다. 장난감이든 자동차든 비행기든, 아니 장난감뿐만 아니라 탁상시계나 라디오까지 어른들 눈을 피해 닥치는 대로 분해했다. 아무리 야단을 쳐도 쇠귀에 경 읽기였다.

그에게 장난감은 가지고 노는 물건이 아니라, 그것이 움직이거나 불꽃을 내뿜는 구조를 알아내야 할 탐구 대상이었다. 소년 시절의 그에게는 기계의 내부 구조를 조사하는 것 이상으로 재미있고 흥미로운 일이 없었다.

거기에는 소년기를 보낸 1950년대부터 1960년대라는 시대적 영향도 어느 정도 있었을지 모른다. 그 시대에는 텔레비전, 냉장고, 세탁기를 '3종의 신기神器'라 불렀다. 패전의 충격을 딛고 다시 일어선 일본에 몰려든 것은 기계 문명이라 부를 만한 것이었다.

이부카 마사루井深大가 소니의 전신인 도쿄 통신 공업을 설립한 것도, 혼다 소이치로本田宗一郎가 혼다 기술 연구소를 설립한 것도 기무라 씨가 태어나기 3년 전인 1946년이었다. 1950년대에 들어설 무렵에는 혼다가 첫 오토바이 '드림 D형' 생산을 개시했고, 도쿄 통신 공업도 테이프 레코더, 트랜지스터라디오 등 새로운 기계들을 잇달아 시장에 선보였다. '신형 기계'는 풍요로운 생활의 상징이자, 사람들의 동경 그 자체였다.

물론 그런 기계는 서민들에게 여전히 그림의 떡이었고, 아이들의 손이 닿을 만한 상품은 아니었다. 그러나 어린이의 놀이는 늘 그 시대를 반영한다. 오늘날 아이들이 인터넷에 열중하듯, 당시 아이들은 기계의 신기함에 푹 빠져들었다. 신기한 물건을 만나면 비밀을 풀어내려 하는 게 아이들의 본능이다. 그들과 가장 가까이 있는 기계, 즉 태엽 장치 로봇이나 자동차가 결국 조각조각 분해되는 것은 어쩌면 숙명 같은 일이었을 것이다. 아무리 그렇다 해도 기무라 씨처럼 장난감을 갖고 놀지도 않고 곧바로 분해해 버리는 아이는 별로 없었을 테지만……

성장해 가면서 그는 그렇게 분해해서 밝혀낸 메커니즘을 이용해 자기 손으로 직접 조립하는 데서 기쁨을 느꼈다.

"중학교 때는 전기에 흥미를 가졌지. 라디오가 전파를 수신한다고 하는데, 전파가 어떻게 소리가 되는지 궁금했어. 그래서 무전기를 만들었지. 아마 2학년 무렵이었을 거야. 그런데 집에서 그런 짓을 하면 혼나니까 밖에 나가서 실험했지. 전기 계량기 조금 앞쪽에서 전선을 뽑았어. 지금은 그렇게 못 하도록 만들었겠지만, 옛날에는 간단했거든. 아하하, 나쁜 짓을 한 거지. 전기를 훔쳤으니까. 전봇대에서 직접 전선을 끌어다 무전기가 작동하는지를 실험한 거야. 그러다가 드라이버로 전기 회로를 건드리고 말았지. 집 안이었다면 퓨즈가 나가겠지만, 전기를 직접 끌어왔기 때문에 전봇대 퓨즈가 나가 버린 거라. 그 바람에 주변의 이웃집 40채 정도가 정전되었어. 아하, 그땐 정말 무지하게 야단맞았지."

그 후에도 기무라 씨의 호기심 어린 장난은 멈추지 않았다.

전문지에 공개된 회로도를 참고해 컴퓨터를 만들려고 한 적도 있었다. 회로에 진공관이 사용되었던 시대의 컴퓨터다. 진공관은 학교 방송실에서 몰래 빌려 왔다. 기무라 씨는 노후되어 못 쓰게 된 기계에서 빼냈다고 했지만, 컴퓨터가 순조롭게 만들어졌다면 그 후의 상황이 어떻게 되었을지 모른다. 기무라 씨 학교의 방송부가 방송을 계속할 수 있었던 것은 전적으로 진공관의 효율성이 떨어졌던 덕분이다.

"만들기 시작하고 나서야 알았는데, 진공관이 엄청 많이 필요한 거라. 책을 끝까지 읽지도 않고 무작정 만들기 시작했으니 처음엔 몰랐지. 그 컴퓨터를 완성시켰다면 3층짜리 빌딩 크기쯤 되었을 거야. 아무래도 그건 힘들겠다는 생각이 들더군. 아오모리 안을 다 뒤지고 다닌다 해도 중학생 힘으로는 도저히 그렇게 많은 진공관을 구할 순 없었으니까."

고등학교 시절에는 앰프도 몇 대 만들었다. 그룹사운드의 전성기였다. 전기 기타를 연주하던 친구의 부탁을 받고 자는 것도 잊은 채 사흘 밤낮을 꼬박 투자해 완성한 앰프였다. 그런데 출력이 지나치게 커서 하마터면 체육관 유리창까지 깰 뻔했다. 물론 유리창이 깨지진 않았지만, 체육관 스피커가 고장 난 건 틀림없이 그가 만든 앰프 때문이었다. 전기 기타를 연결하고 기타 줄을 퉁기는 순간, 스피커에서 폭발음 같은 무지막지한 소리가 나더니, 그 후 아무 소리도 나지 않았다. 학교 스피커는 기껏해야 50와트 정도인데 그가 완성시킨 앰프 출력은 1백 와트에 가까웠기 때문이다.

그는 뭔가에 한번 빠져들면 다른 것은 아무것도 보지 않았다.

고등학교 3학년 무렵에는 오토바이에 빠졌다. 한밤중에 농로를 휘젓고 다니며 폭주족 흉내를 내기도 하고, 지금으로 말하면 모터크로스용 오토바이로 산길을 달리다 사고가 나서 뼈가 몇 개씩 부러지는 큰 부상을 당하기도 했다. 모두 다 그에게 어울릴 법한 이야기지만, 그가 오토바이에 흥미를 가지게 된 가장 큰 이유는 엔진 때문이다.

"벤리 레이싱Benly Racing CR93도 탔고, 온갖 오토바이를 타보았지. 미사와三澤 기지에 있는 미군 병사한테 중고 오토바이를 아주 싸게 산 적도 있어. 새로 산 오토바이를 그냥 타면 재미없으니까 개조를 해. 폭주족이라고 해도 소리 따윈 흥미 없었어. 엔진을 조금 만지작거려서 오토바이 성능을 엄청나게 업그레이드시켰지. 그게 너무 재미있더라고."

공기와 가솔린의 혼합 기체에 플러그로 점화해 폭발시켜서 그 에너지를 피스톤과 크랭크 동작의 동력으로 바꿨다. 메커니즘은 심플하지만, 깊이가 있었다. 인류의 수많은 발명품 중에서도 내연 기관은 가장 세련된 기계라고 부를 수 있을지도 모른다. 엔진을 알아 갈수록 이런저런 궁리의 가능성은 점점 넓어졌다.

깊이를 알 수 없는 엔진의 매력에 포로가 되어 버린 것이다.

기무라 씨가 도시에 태어났다면, 혹은 조금 늦게 태어났다면, 레이싱 팀의 우수한 자동차 정비공이나 자동차 회사의 엔진 개발자가 되었을지도 모른다.

"차남이라 가업을 이어받을 필요도 없어서 농사지을 생각은 아예 없었어. 어설픈 계산으로나마, 부모님이 농사짓는 모습을 보니 장래가 없다는 생각이 들더군. 그 당시의 난 오로지 효율만 따지는 인간이었거든. 그래서 고등학교 2학년 땐 부기 1급 자격증을 땄지, 회계사가 될 생각으로. 고등학교를 졸업하는 해에 시험을 쳤는데 떨어졌어. 그래서 시험을 쳐서 가와사키川崎에 있는 회사에 취직했지. 히타치日立 계열의 자회사였는데 사우디아라비아나 이란, 이라크 주변에 건설하는 파이프라인을 만드는 회사였어. 급행 쓰가루에 몸을 싣고, 1968년 3월 23일에 우에노上野 역에 도착했지. 그 당시에는 열일곱 시간이나 걸렸어. 〈아아, 우에노 역〉이라는 노래도 있었는데, 여기가 그 우에노 역이로구나, 굉장한 곳에 왔구나 싶었지. 사람들이 넘쳐 나고, 플랫폼도 셀 수 없을 정도로 많았거든. 감탄하랴, 놀라랴, 완전히 넋이 빠져 있었지. 멍하니 여기저기 두리번거리다 보니 어느 순간 퍼뜩 정신이 들더군. 거기서부터 가와사키까지 가는 방법을 몰랐던 거야. 우에노와 가와사키는 엎어지면 코 닿을 데라고 생각했는데 얼토당토않았지. 역무원에게 묻고 또 물으며 찾아갔어. 갖은 고생을 하며 가와사키에 도착하니 인사과 사람이 역으로 마중을 나와 있더군. 그때는 정말 기뻤어. 그런데 말이야, 태양이 오렌지 빛인 거라. 깜짝 놀랄 일이었지. 석양은 늘 붉다고 생각했는데, 가와사키에서는 붉은 석양을 본 일이 없었으니까."

1960년대의 가와사키였다. 아직 환경 정책 같은 건 실행되지 않았을 때였다. 어찌 되었든 줄줄이 늘어선 공장 굴뚝이 번영의 상징이었던 시대다. 일본 유수의 공업 지대였던 그 도시의 오염 상태는 절정에 달해 있었다.

교차로는 트럭이 뿜어내는 배기가스 때문에 숨도 못 쉴 지경이었고, 공장의 굴뚝 연기 때문에 맑게 갠 날도 하늘이 희뿌옜다. 밤이 되면 도시의 조명을 받은 구름이 음산했다. 아침에 새하얀 와이셔츠를 입고 출근했다가 오렌지 빛 석양을 바라보며 기숙사로 돌아오면, 와이셔츠 소매가 검은 연기로 더러워져 있었다. 강물은 하수구처럼 탁했고, 그 옆을 지나면 코를 틀어막고 싶을 정도로 악취가 풍겼다. 수돗물도 맛이 없어서 도저히 마실 만한 게 못 되었다. 히로사키에서는 상상도 할 수 없는 일이었다.

그런데도 기무라 씨는 터무니없는 땅에 왔다고 생각하지 않았다. 그것이 오히려 공업이 발전한 도시의 진정한 모습이고, 시골 친구들에게 말하면 과연 도시는 대단하다며 감탄할 게 틀림없었다. 기무라 씨는 동경해 마지않던 대도시에서 의욕에 넘쳐 일에 매달렸다.

배치된 부서는 원가 관리과였다. 그곳에서 난생처음 회로도가 아닌 진짜 컴퓨터를 만났다.

"한때는 부기 자격증을 따서 주판으로 먹고살 생각을 했으니까 컴퓨터가 어떤 일을 하는지 유심히 지켜봤지. IBM 컴퓨터였는데, 천공 카드를 판독기에 넣어서 조작하는 구식이었어. 그런데 말이야, 한

달도 안 지나서 깨달은 게 있지. 그건 과거 데이터를 이용하는 기계에 불과하단 생각이 들더군. 아무리 고성능 컴퓨터라도 데이터를 넣지 않으면 사용할 수 없잖아. 데이터는 과거야. 과거의 데이터를 아무리 모아 계산해 본들 새로운 건 생겨나질 않아. 미래를 열 수는 없어. 컴퓨터는 말이지, 나한테는 그저 단순한 장난감일 뿐이야. 그런데 결국은 그 기계에 의해 인간이 부려지는 날이 올 거라는 생각이 들더군. 사람이 만든 기계에 사람이 부림을 당할 때가 올 거란 생각 말이야. 요즘 세상을 보면 그대로 됐어. 컴퓨터와 마찬가지로 밖에서 주어진 것밖에 이용하지 못하는 사람이 무지하게 늘어났어. 자기 머리로는 생각하려 들지 않아. 인터넷도 마찬가지야. 모두들 답은 인터넷 속에 있다고 믿어 버리잖아."

기무라 씨가 딱히 컴퓨터를 싫어하는 건 아니다. 천공 카드 뚫는 법을 배우고, 컴퓨터 구조를 익히고, 그 내부에 숨어 있는 블랙박스를 연구하는 일은 어린 시절 로봇을 분해했던 것과 똑같은 오락거리였다.

가와사키에서의 삶은 기무라 씨에게는 즐거운 추억이 되었다. 일도 재미있었고, 직장에서도 귀여움을 받았다. 원가 관리과의 가장 큰 업무는 각 부서의 경비를 점검하는 일이다. 다른 부서들을 돌아다니며 경비 절감을 촉구해야 하기 때문에 미움을 살 수밖에 없는 자리였지만, 웬일인지 기무라 씨는 모든 부서에서 환영을 받았다. 기무라 씨가 나타나면 사무실이 밝아진다는 얘기를 자주 들었다. 쓰가루 지방 사투리가 섞인 밝고 쾌활한 목소리와 웃음 가득한 천진난

만한 얼굴 때문이었는지도 모른다.

그리고 주말에는 아니, 매주라고 해도 좋을 만큼 쇼난湘南에 있는 튜닝 가게에 다녔다. 가게 주인과 친해져서 고등학교 시절부터 취미였던 엔진 개조에 몰두한 것이다.

"그 당시엔 셀리카 1600GT나 스카이라인이 메인이었지. 캠축을 거울처럼 반짝반짝 윤이 날 때까지 연마해서 엔진을 파워 업 시키는 거야. 손끝으로 훑어 가면서 깎인 정도를 확인하며 일하는데, 1천분의 1밀리미터 세계야. 계속하다 보면 손가락으로 훑어만 봐도 0.001밀리미터의 차이를 알 수 있게 돼. 인간의 감각은 정말 대단해. 기계 따위를 쓰는 것보다 훨씬 정확하니까. 그렇게 파워 업 시키면 그 당시 스카이라인은 120마력 정도가 아니라, 3백 마력까지 높이는 것도 간단했어. 그런 일을 직업으로 삼으면 재미있을 것 같다는 생각도 들었지만, 그 와중에 집안 사정 때문에 아오모리로 돌아갈 수밖에 없었지."

기무라 씨는 가와사키 회사를 1년 반 만에 퇴직했다. 부모님에게서 귀향하라는 연락이 왔기 때문이다. 즉 본가로 다시 불려 간 것이다. 가업을 이을 맏아들인 형이 조종사가 되겠다며 자위대에 입대하는 바람에 차남인 기무라 씨가 가업을 이어받아야 할 상황이 되었다.

귀향한 그날은 태풍이 아오모리를 휩쓸고 간 직후였다. 히로사키 역으로 마중 나온 사람은 할아버지 혼자였다. 다른 가족들은 모두 폭풍우의 피해를 입은 사과 밭과 논으로 나가 있었다.

2
아무것도 하지 않는 자연 농법

자연은 그 자체로 완결된 시스템이다.
사람의 도움 같은 게 없어도 초목은 무성하게 잎을 맺고, 꽃을 피우고, 열매를 맺는다.
그 시스템에 손을 댐으로써 인간에게 편하고 좋은
결과를 얻으려 하는 행위가 곧 농업이라고 후쿠오카는 말한다.
비료를 주면 보다 큰 열매를 맺는다. 해충을 죽이면 보다 많은 작물을 수확할 수 있다.
인간은 그런 식으로 생각한다. 그래서 비료를 주고 해충을 없애는 방법을 발달시켜 왔다.
그것이 거듭된 결과, 농작물은 자연의 산물이라기보다 일종의 석유 화학 제품이 되어 버렸다.

농약에 예민한 아내

"논에 나가 봤더니 강물이 흘러넘쳐서 벼 이삭 꼭대기만 물 밖으로 삐죽 나와 있더군. 이래서 농사는 싫다는 생각이 들었지. 내가 예전엔 효율만 따지는 인간이었다고 했잖아. 곧바로 주판알 튕기며 피해액을 계산해 봤지. 흙투성이가 되어 비 오듯 땀 흘리며 일해도 순간적인 자연의 변덕 때문에 1년 수입이 한순간에 날아가 버리는 거야. 그렇게 계산상으로만 보면 농사야말로 효율이 떨어지고 시대에 뒤처진 직업이라는 결론밖에 안 나와. 그런데 어머니는 이런 말씀을 하셨지. '도시에서 인간 톱니바퀴처럼 일하는 것보다 농사꾼이 훨씬 좋다. 돈은 못 벌지 몰라도 난 이게 더 좋아. 나이 들면 너도 틀림없이 흙을 일구고 싶어질 게야.'라고. 어머니는 전쟁 이전 사람이어서 학교도 제대로 못 다녔지만, 책을 많이 읽은 분이셨어. 이따금 좋은 말을 들려주곤 하셨지. 지금 생각해 보면 참 좋은 말들이었는데, 그때는 그 말이 귀에 들어오지 않았어."

　아버지를 도우면서도 농사일을 이어받지 않으려고 궁리하던 기무라 씨에게 한 가닥 행운이 찾아왔다. 자위대에 입대했던 형이 마음을 고쳐먹고 집으로 돌아온 것이다. 기무라 씨는 가업을 이어야 하는 의무에서 해방되었다. 도시로 나가 직장인이 될 것인가, 아니면 쇼난의 튜닝 가게에 정식으로 들어가 자동차 정비공을 본업으로 삼을 것인가. 이런저런 꿈으로 부풀어 있었지만, 결국은 농업의 길로 나아가기로 했다.

　기무라 씨는 스물두 살에 중학교 시절 동급생이었던 기무라 미치코美千子 씨와 결혼했다(때문에 정확하게는 이때부터 미카미 아키노리에서 기무라 아키노리가 되었다). 미치코 씨는 농가의 큰딸이어서 결혼하려면 이른바 데릴사위로 기무라 집안에 들어가야만 했다.

　어쩌면 농업의 길을 걷는 게 그의 운명이었을지도 모른다.

　"열심히 농사를 지었지, 데릴사위니까. 게으름 피웠다간 쫓겨날지도 모르잖아. 아하하하. 사실대로 말하면, 효율적 인간이었던 내가, 조금 폼 잡고 말하자면, 농업에서 빛을 발견한 거지. 그게 구체적으로 뭐였냐 하면 트랙터였어. 일본의 작은 트랙터가 아니야. 미국처럼 드넓은 밭을 이리저리 질주하는 거대한 트랙터 있지. 잡지인가 어디에서 사진을 보고 그런 농업이라면 한번 해보고 싶단 생각이 들었던 거지. 이를테면 대규모 농업 말이야. 광활한 토지를 트랙터로 갈아엎고, 참밀이나 옥수수를 키우잖아. 어차피 농사를 지을 바엔 그렇게 역동적인 농업을 해보고 싶었지. 그래서 옥수수를 키우기로 했어. 미국의 옥수수 밭 같은 걸 내 손으로 만들어 볼 생각이었지. 아니…… 사실 좀 더 솔직하게 말하면 트랙터에 완전히 반해 버렸던 거야. 트랙터는 엔진과 트랜스미션만 연결시킨 아주 단순한 구조인데다 자동차 같은 불필요한 장식은 하나도 붙어 있지 않아. 엔진 상태 그대로 달리는 거나 마찬가지지. 때문에 엔진을 좋아하는 사람들은 타고 싶어서 안달하는 대상이야. 만지면 만질수록 좋아져서 오토바이에 푹 빠졌을 때처럼 어느새 정신없이 좋아하게 돼버렸어. 아하하하. 그러니까 본심을 털어놓자면, 난 트랙터를 조종하고 싶어서 농민의 길에 발을 들여놓은 거라."

현재 이와키 산 일대에는 사과 말고도 특산품이 하나 더 있다.

그것은 옥수수다. 옥수수 재배로 잘 알려진 다케嶽 고원의 이름을 따서 '다케키미'(키미는 쓰가루 사투리로 옥수수를 뜻함)라고 부르는 이 옥수수는 놀랄 정도로 달고 맛있다. 사과가 아직 풋머리인 여름에는 이 다케키미가 지역 최고의 특산물이기도 하다.

이와키 산기슭을 달리는 30번 도로변에, 지금은 골프 연습장이 되어 버렸지만, 당시에는 황폐한 밭이 있었다. 실은 그저 이름뿐인 밭이고, 잡초가 우거진 벌판이었다.

기무라 씨는 광활하고 거친 그 땅을 빌려 동경해 마지않던 대규모 농업을 향한 첫발을 내딛었다.

사과 재배와 병행해서 옥수수 재배를 시작한 것이다.

동업자는 물론 트랙터. 기무라 씨는 제일 먼저 바다 건너온 트랙터를 샀다.

"결혼할 때, 지참금은 아니지만 아버지가 밭이랑 약간의 목돈을 들려 보냈지. 그 돈으로 영국제 트랙터를 샀어. '인터내셔널 하베스트'라는 메이커였어. 잡지나 책을 뒤져 가며 조사를 해봤는데 일본 트랙터는 30마력이 넘는 걸 찾을 수 없었지만, 인터내셔널 하베스트에는 45마력이나 되는 물건도 있었지. 게다가 디젤인데도 예열 없이 엔진이 걸려. 유럽에는 디젤 엔진이 발전했으니까. 그걸 사기로 마음먹고 주소를 찾아 영국으로 편지를 썼지. 한자나 히라가나로 쓰면 못 읽을 것 같아서 로마자로 썼어. 아니, 그래도 영어 모르는 건 매한가지니 로마자로 썼어도 내용은 일본어였지. 'Torakuta no Katarogu wo okutte kudasai. Kimura Akinori(트럭 카탈로그를 보내 주세요. 기무라 아키노리)'라고 말이야. 아하하. 그런데 인터내셔널 하베스트에서 카탈로그를 보내온 거야. 얼마였더라, 150만 엔 정도 했던가. 꽤 부담스러운 가격이었어. 승용차 크라운이 1백만 엔쯤 하던 시절이었으니까 말이야. 농기구는 너무 비싸."

거대한 트랙터였다. 타이어만 해도 기무라 씨의 키 높이였다. 엔진에 커버만 씌운 형태였고, 기능 하나만을 내세운 단순한 디자인도 기무라 씨의 마음에 쏙 들었다. 물론 주변에 그런 거대한 외제 트랙터를 가진 사람은 하나도 없었다.

너무 좋아서 매일같이 닦고 또 닦았다. 자가용 세차는 1년에 한 번

할까 말까 하면서 트랙터 세차는 하루도 거르지 않았다. 밭일을 마치고 저녁때 집으로 돌아오자마자 트랙터를 잭으로 들어 올리고 타이어의 진흙을 씻어 내고 몸체에 왁스 칠까지 했다.

너무 커서 창고에 들어갈 수가 없는데도 비를 맞힐 수 없어 무리하게 집어넣다가 옆구리를 긁고 말았다. 기무라 씨는 나중에 눈물을 삼키며 그 트랙터를 남의 손에 넘길 수밖에 없었지만, 마당 끝 창고 벽에는 그때 긁힌 상처가 아직도 남아 있다. 기무라 씨는 그 흠집을 볼 때마다 30년도 더 지난 옛일이 어제 일처럼 선명하게 떠오른다.

거대한 트랙터는 초목으로 우거진 땅을 눈 깜짝할 사이에 밭으로 바꿔 놓았다. 황홀감에 젖어들 만한 힘이었다. 울창한 나무들 사이에 외국 잡지에서나 보았던 광활하고 질서 정연한 옥수수 밭이 만들어졌다. 품종은 초당 옥수수. 토양이 비옥한 덕분에 수확은 아주 좋았다.

그러나 너구리 때문에 골치를 앓았다. 수확기가 되면 너구리들이 통통하게 살이 오른 옥수수를 몰래 먹어 치웠던 것이다.

"그래서 밭 여기저기에 덫을 설치했지. 그랬더니 새끼 너구리가 걸린 거야. 어미 너구리가 바로 옆에 있었는데, 내가 가까이 다가가도 도망칠 생각을 안 하더군. 덫을 풀어 주려고 손을 뻗었더니 새끼 너구리가 이빨을 드러내며 난폭하게 굴더라고. 가여워서 장화 발로 머리를 밟고 덫을 풀어 놔주었지. 그런데 도망치지 못하는 거야. 눈앞에서 어미 너구리가 새끼 너구리의 다리에 난 상처를 정신없이 핥아 주더군. 그 모습을 보니 내가 큰 죄를 지었다는 생각이 들었어. 그래서 '더 이상 먹으러 오지 말라'고 하면서 못생긴 옥수수를 모아다 밭 가장자리에 놓아뒀지. 옥수수를 키우다 보면 빠져 버린 내 이 같은 옥수수가 꽤 나오거든. 내다 팔 수 없는 불량품이지. 그걸 전부 한쪽에 모아 뒀어. 다음 날 아침에 밭에 나갔더니 한 개도 안 남고 다 사라졌더라고. 그래서 덫을 치우고, 수확할 때마다 이 빠진 옥수수를 모아 놓기로 했지. 그 후로 너구리 피해는 거의 사라졌어. 그걸 보니까 인간이 몽땅 가져가 버리는 바람에 피해를 입는구나 하는 생각이 들더군. 따지고 보면 원래는 너구리 서식지였던 곳을 밭으로 만들어 버린 거잖아. 먹이를 주면 너구리가 더 많이 모여들어 밭을 엉망으로 만들지 않을까 걱정했는데 그런 일은 없었어. 정말 신기했지. 자연의 불가사의함에 눈을 떴다고 해야 할까, 여하튼 자연은 인간의 계획대로는 움직이지 않는다는 생각이 들더군. 지금 와서 돌이켜 보면 그 무렵이 효율만 따지던 농업에서 벗어난 시기였는지도 모르겠어."

　기무라 씨가 옥수수 재배를 시작한 데는 트랙터를 이용해 대규모 농업을 하고 싶은 마음 외에도 한 가지 이유가 더 있었다.

　아내 미치코 씨가 농약에 과민한 체질이었기 때문이다.

사과는 농약으로 키운다고 해도 과언이 아닐 정도로 사과 재배에 꼼꼼하고 부지런한 농약 살포는 빼놓을 수 없는 작업이다. 타고난 일꾼인 데다 '효율적 인간'이기까지 했던 그로서는 당연한 일이었겠지만, 기무라 씨는 방제 달력에 따라 열심히 농약을 뿌렸다.

논도 있었지만 기본적으로는 자가소비 중심이었기 때문에, 한 가정의 수입은 사과에 의존했다. 사과 농가의 수입은 벌레 먹지 않은 달고 큰 사과를 얼마나 많이 생산하느냐에 달려 있다. 해충이나 병은 수입을 감소시키고, 한 가정의 경제를 위협하는 얄미운 적이다. 그 적을 없애려면 뿌릴 수 있는 만큼의 농약은 다 뿌려야 했다.

방제 달력이란 간단히 말해서 언제 어떤 농약을 사용하면 좋은가를 표시해 놓은 농업용 달력이다. 사과뿐만 아니라 귤이나 복숭아 같은 과일에서 양배추나 마늘 등의 채소에 이르기까지 거의 모든 작물에 방제 달력이 만들어져 있다. 지역에 따라 발생하기 쉬운 해충이나 병에도 차이가 나기 때문에 기본적으로는 현縣 농업 시험장 전문가의 지도를 받아 각 지역 단위 농협 같은 곳에서 작성한다.

기무라 씨가 사용한 것은 아오모리 현에서 발행한 사과용 방제 달력이었다. 신문지를 펼친 크기의 달력에 시기마다 살포해야 할 농약의 종류와 방법 등이 상세히 기록되어 있었다. 아마추어 눈에는 현기증이 날 정도로 복잡해 보이지만, 병충해를 예방하는 데 없어서는 안 될 중요한 달력이다.

곤충, 곰팡이, 세균, 바이러스······. 사과나무는 다종다양한 생물의 공격에 노출되어 있다. 농약 한 종류를 살포하는 것으로 모든 적을 막아 낼 수 있는 게 아니다. 병이나 해충도 제각각 발생하는 시기가 따로 있다. 뿐만 아니라 침입자의 종류에 따라 적절한 시기에 뿌려 주지 않으면, 농약 살포 효과를 거둘 수 없다. 게다가 병이나 해충에는 유행도 있기 때문에 매년 똑같이 살포한다고 해서 되는 일도 아니다. 그러므로 방제 달력은 병충해의 발생 상황이나 기후 예측 등에 근거해 매년 새로 발행한다. 때문에 아무리 경험이 풍부한 농가라도 방제 달력 없이는 적절한 농약 살포가 어렵다.

그런데 이 방제 달력에는 또 한 가지 중요한 역할이 있다.

바로 수확물인 사과의 잔류 농약을 기준치 이하로 억제시키는 역할을 한다. 제2차 세계 대전 이후, 화학적으로 합성한 온갖 종류의 농약이 만들어졌다. 그중에는 DDT처럼 안전성에 문제 있다고 판명되어 사용이 금지된 농약도 적지 않다.

농약의 안전성에 관한 연구가 진행된 후에는 농약에 엄격한 사용 기준이 만들어졌다. 인체에 유해하다고 판명된 물질은 사용할 수 없게 되었고, 설령 사용할 수 있는 농약이라도 그 농도나 빈도, 나아가 사용하는 시기가 정해져 있다. 출하된 농산물의 잔류 농약이 인체에 조금이라도 악영향을 줄 가능성을 줄이기 위해서다.

농약 피해에 관해서는 의견이 분분하다. 그런 의견은 일단 제쳐 둔다 하더라도, 공정한 눈으로 보면 일본의 잔류 농약 농도 기준은 상당히 엄격한 게 사실이다. 특히 최근에는 식품의 안전성 차원에서 농약 사용량을 최대한 줄이도록 하고 있다.

방제 달력은 그런 엄격한 기준을 맞추기 위한 농약 사용 가이드라인 역할도 한다. 방제 달력의 지시를 제대로 지켰을 때 수확 시의 사과 잔류 농약은 제로에 가까운 수치로 억제할 수 있다.

그러나 안전한 사과를 만드는 것과 안전하게 사과를 만드는 것은 별개의 문제다.

방제 달력을 잘 따르면 안전한 사과를 만들 수 있을지는 모르지만, 거기에 안전하게 사과를 만드는 방법은 나와 있지 않다.

사과의 잔류 농약 농도에 대해 엄격하게 지도하는 이유는 인체에 악영향을 줄 가능성 때문이다. 출하된 사과의 잔류 농약은 앞으로도 무한정 제로에 가까운 수준으로 내려갈지 모른다. 하지만 그에 비례해 사과 농가 사람들은 매일 농약에 노출되는 것이다.

물론 각각의 농약에는 사용 시 주의 사항이라는 게 있어 그 주의 사항에 따르는 이상, 사용자가 건강에 피해를 입는 일이 없게끔 만들어져 있긴 하다.

그렇다곤 해도 1년에 수차례씩 몇백 그루의 사과나무에 농약을 뿌리면서 사용 시 주의 사항을 완벽하게 지킨다는 건 현실적으로 어렵다. 예를 들어 피부에 닿으면 바로 씻어 내야 한다는 주의 사항이 쓰여 있다고 해도, 살포 도중에 농약 한 방울이 묻었다고 해서 바로바로 물로 씻어 낸다면 작업 자체를 진행할 수 없다.

사과를 키우는 일은 그런 위험을 떠안아야 한다는 뜻이다.

게다가 그 시대에는 농약의 안전성도 오늘날처럼 엄격하게 제한되지 않았다. 그리고 아내 미치코 씨는 농약을 뿌릴 때마다 일주일씩 드러누울 정도로 농약에 과민한 체질이었다.

"농약은 농협에서 표창을 받을 정도로 많이 썼지. 그 시대의 농약은 그걸 사용하는 사람의 피부 같은 건 안중에도 없었어. 무조건 사과 생산이 제일이었으니까. '니코틴'이라 불리는 농약이 있어. 구역질이 올라올 정도로 냄새가 나는데, 그 시절에는 그걸 뿌리다 밭에서 쓰러졌다는 얘기를 수도 없이 들었지. 내가 주로 사용한 건 황산구리인데 파란색 결정이지. 그런데 그게 말이야, 너무 아름다운 거라. 그거야말로 코발트블루지. 뭐더라, 그 왜 교회에 있는…… 그래, 스테인드글라스 같은 느낌이야. 너무 아름다워서 실수로 핥아 보는 사람이 생길까 걱정될 정도였으니까. 그 황산구리에 산화칼슘을 섞어서 살균제로 썼지. 그게 바로 보르도액인데, 일본에서도 메이지明治나 다이쇼大正 시대쯤부터 쓰지 않았을까. 옛날에는 사과 잎이 허옇게 될 정도로 그걸 뿌려 댔지. 그런데 황산구리와 산화칼슘을 섞어 보르도액을 만드는 작업 자체도 여간 고역스러운 일이 아니야. 독성 때문에 염증이 생기는 건 말할 것도 없고, 강알칼리성 염증이어서 꼭 화상을 입은 것처럼 물집이 잡힌다니까."

보르도액뿐만 아니라, 드린제drin劑(펜타디엔계 살충제를 통틀어 이르는 말)나 파라티온parathion(유기인계有機燐系 살충제. 살충력이 강하고 독성이 강함) 등 전후 발명된 화학 합성 농약도 사용했다. 오늘날에는 안전성의 문제로 생산이 중지된 농약도 적지 않았다. 농약 살포 횟수는 1년에 몇 번까지로 제한되어 있었기 때문에 몇 종류나 되는 농약과 살충제, 살균제를 섞어 뿌렸다. 그렇게 농약을 많이 쓰면 무슨 해가 있을까 하는 생각은 아예 머릿속에 없었다.

"나야 뭐, 철들 무렵부터 부모님이 그렇게 농사짓는 모습을 보며 자랐으니 당연한 줄 알았지. 사과는 그렇게 키우는 거다, 화상쯤은 대수롭게 여기지도 않았어. 그런데 아내가 농약에 약한 체질이라 농약을 뿌리고 나면 곧바로 앓아누웠지. 그건 어떻게든 대책을 세워야겠다는 생각이 들더군. 옥수수를 시작한 데는 그런 의미도 있었어. 트랙터 농업을 해보고 싶은 마음도 있었지만, 옥수수에서 제대로 수입을 거두면 사과는 안 키워도 될 테니까. 아내가 고생을 안 할지도 모른다고 생각했던 거지."

우연한 '그 일'만 없었다면 기무라 씨는 사과 농사를 그만뒀을지도 모른다. 트랙터를 이용한 옥수수 재배는 순조롭게 진행되었다. 뭐든 한번 빠져들면 앞뒤 분간하지 못하는 그가 본격적으로 옥수수 재배의 재미에 눈을 떴으니 지금쯤 이와키 산기슭이 옥수수 밭으로 가득 채워졌을 가능성도 있다. 옥수수 재배로 수입만 안정되면 아내까지 고생시키며 사과 농사를 지을 필요가 없었던 것이다.

하지만 그렇게 되지는 않았다. 눈 때문이었다. 쓰가루 평야는 겨울 내내 눈으로 뒤덮인다. 그동안은 설피雪皮를 신고 사과나무의 눈을 떨어내는 일 외에는 딱히 할 일이 없다. 집을 떠나 돈벌이를 할 필요가 없던 농가에서는 1년간의 중노동에 대한 휴식을 취할 수 있는 계절이었다.

그 휴식 기간이 기무라 씨에게는 가장 견디기 어려운 시기였다. 아내 미치코 씨는 기무라 씨가 집에서 편히 쉬거나 누워서 한가하게 텔레비전 보는 모습을 본 적이 없다고 했다. 항상 뭔가를 하지 않으면 마음이 안정되지 않는 성격이기 때문이다.

밭에 눈이 쌓이면, 기무라 씨는 농업 공부를 시작했다. 마을 도서관이나 서점에 가서 1년간 농사를 지으며 생긴 의문에 답을 줄 만한 책을 찾아 열심히 읽었다. 아이디어가 떠오르면 꼼꼼하고 상세하게 노트에 적어 나갔다. 잠자리에 들어서도 자료나 책을 읽는 습관 때문에 기무라 씨의 잠자리 주변에는 수험 공부를 하는 학생처럼 농업 관련 서적과 메모가 늘 수북이 쌓여 있었다.

그날도 기무라 씨는 참고 자료를 찾고 있었다. 트랙터 농업에 관련된 전문 서적이었다.

마을 서점을 몇 군데나 돈 끝에 마침내 찾아낸 그 책은 책꽂이 맨 위 칸에 꽂혀 있었다. 까치발을 해도 손이 닿지 않는 곳에 있던 걸 보면, 틀림없이 안 팔리는 책이었을 것이다.

기무라 씨는 조심성이 없었다. 사다리를 찾거나 점원을 불러야 했겠지만, 때마침 바로 옆에 놓인 막대기가 눈에 띄었다.

"그 막대기로 트랙터 책을 쿡쿡 찔렀지. 그랬더니 옆에 있던 책까지 동시에 떨어져 버리지 뭐야. 허둥지둥 집어 들었는데 옆에 있던 책의 모서리가 찌그러져 버린 거라. 눈인지 비인지 바닥이 더러워져 있어서 얼룩도 조금 묻었고. 그래서 하는 수 없이 그 책도 같이 샀어. 가격은 2천 엔쯤 했을 거야. 책값은 그렇게 비싼데 종이는 싸구려를 썼더라고. 제본도 어설퍼서 펴기만 해도 금방 찢어질 것 같았지. 손해만 봤다 싶은 생각에 집에 들고 가서도 한동안 던져 놨지. 그렇게 높은 데 꽂혀 있던 걸 보면, 보나마나 그 책도 안 팔리는 게 뻔할 테고. 지금은 잊어버렸지만, 아마 그 책을 제대로 읽은 건 그로부터 반년인가 1년 뒤였을 거야. 그때 여유가 생겼는지 어쨌는지 모르겠지만 아무튼 꺼내 봤지. 표지에 벼 이삭 사진이 있고, 책 맨 앞에 '아무것도 안 하는, 농약도 비료도 전혀 안 쓰는 농업'이라고 쓰여 있었어. 아아, 이런 농업도 있구나 싶었어. 내가 하느냐 마느냐는 문제를 떠나, 같은 농민으로서 흥미가 생기더군. 그때부터 그 책을 몇 번이나 읽었는지 몰라. 책이 닳을 때까지 읽었지. 후쿠오카 마사노부福岡正信(1913~2008, 자연 농법 창시자) 씨가 쓴 《자연 농법》이라는 책이었어."

자연은 완결된 시스템이다

후쿠오카 마사노부는 농학자라기보다는 사상가라고 불러야 마땅한 인물이다.

후쿠오카는 인간의 지혜를 부정하며 인위적인 행위 일체가 쓸모없다고 말한다.

이렇게 쓰면 왠지 매우 시니컬한 사상가처럼 보일 것이다.

그렇지만 후쿠오카의 사상은 인류가 문명을 건설할 때부터 줄곧 품어 온 근원적인 물음 가운데 하나이다.

〈마태오의 복음서〉에 "내일 일은 걱정하지 마라"는 예수의 말씀이 있다. "내일 걱정은 내일에 맡겨라. 하루의 괴로움은 그날에 겪는 것만으로 족하다." 예수는 내일 일로 고민하지 말고 오늘이라는 하루를 최선을 다해 살아가라고 말했다.

석가모니는 그것을 생에 대한 집착이 삶의 고통의 근원이 된다는 말로 표현했다. 이 세상 모든 것이 덧없건만, 그 덧없는 것에 집착하기 때문에 사람은 괴로워진다고 했다.

사람의 지식을 부정하고 무위자연을 이상으로 삼았던 노자도 본질적으로는 같은 말을 했다.

내일 일을 번민하는 것도, 생에 집착하는 것도 다시 말하면 인간 지혜의 작용이다. 인간은 그 지혜를 활용하여 욕망을 충족하려고 한다. 그러나 욕망에는 끝이 없다. 한 가지 욕망을 충족시키면 다음 욕망이 생겨난다. 인간은 그것을 되풀이하면서 문명을 발전시켜 왔다. 즉, 문명의 역사는 인류 욕망의 비대화의 역사이기도 하다.

인류에게 불을 가져다준 프로메테우스에게 제우스가 내린 형벌은 바위에 몸이 묶인 채 거대한 독수리에게 간을 뜯어 먹히는 것이었다. 티탄족인 프로메테우스는 불사조이기 때문에 뜯긴 간은 다음 날 아침이 되면 재생한다. 때문에 프로메테우스는 죽지도 못하고, 영겁에 걸쳐 내장을 뜯기는 고통을 감당해야 하는 것이다. 그 형벌은 제아무리 문명을 발달시켜도 진정한 행복에는 이를 수 없다는 잔혹한 진리의 상징처럼 여겨진다. 문명 발달의 역사가 인류 욕망의 비대화의 역사라고 한다면, 문명이 진정한 의미에서 인간을 행복하게 하는 일은 앞으로도 영원히 있을 수 없기 때문이다. 그렇다면 인간의 지혜나, 그 지혜로부터 생겨난 인간의 행위에는 대관절 무슨 의미가 있을까.

인간은 문명을 손에 넣은 그 순간부터 적어도 마음 한구석으로는 그에 관한 생각을 줄곧 해왔을 게 틀림없다. 노자가 설파한 무위자연은 문명과는 정반대의 모습이다. 욕망을 채움으로써 인간을 행복하게 만들려는 것이 문명의 방향이라고 한다면, 인간을 행복하게 만드는 정반대의 방법이 있다. 그것은 문명을 부정하고, 자연 그대로 살아가는 것이다. 석가모니가 말했듯이 욕망이란 환영에 불과하다는 사실을 깨달음으로써, 그리스도가 설파한 것처럼 내일을 걱정하지 않고 지금이라는 순간을 누군가에게 감사하며 살아가는 것이다.

문명론적으로 말하자면, 종교의 진정한 역할은 거기에 있을지도 모른다. 신앙 문제를 일단 제쳐 둔다면, 신이나 부처를 믿는 것은 어디까지나 하나의 수단이며, 그 진정한 목적은 문명의 방향에 대해 이론異論을 제기하는 것, 즉 인간의 욕망을 부정하는 데 있는 것처럼 보이기도 한다.

인간의 지혜를 부정하고, 인위적인 행위 일체가 쓸모없다고 보는 후쿠오카의 사상은 그런 계보로 이어지는 것이리라. 후쿠오카의 독창성은 그것을 하나의 철학이나 사상으로만 완결시키는 게 아니라, 농업이라는 인간의 행위 속에서 실증해 보였다는 데 있다. 그는 자연 과학을 부정했지만, 그의 소양은 지극히 자연 과학자적이었다.

1913년 에히메 현愛媛縣 이요伊予 시에서 태어나 기후岐阜 고등 농림 학교에서 공부한 후쿠오카 마사노부는 요코하마橫濱 세관 식물 검역과에서 식물 병리 연구원으로 일했다.

벼 병원균에서 지베렐린gibberellin(식물 호르몬의 하나로서 고등 식

물의 생장과 발아를 촉진하며 농작물의 증수增收나 품질 개량에 이용함) 분리를 성공시킨 세계적인 식물학자 구로사와 에이이치黑澤英一의 지도를 받으며 감귤수지병柑橘樹脂病을 연구하던 시기에 후쿠오카는 '인간의 지혜나 행위는 다 소용없다'는 사상에 다다르게 된다. 그리고 전쟁 중에는 고치 현高知縣의 농업 시험장에서 이른바 과학 농법을 지도하면서 다른 한편으로는 인간의 지혜를 쓰지 않는 농업을 모색한다. 그 후, 1947년에 귀농하여 고향 에히메 현에서 농업에만 전념하며 일생을 살아간 사람이다.

그가 지향한 목표는 아무것도 하지 않는 농업이다.

인간의 지혜나 행위의 헛됨을 자신이 가장 깊이 이해한 농업이라는 분야에서 실증하고자 했다.

자연은 그 자체로 완결된 시스템이다.

사람의 도움 같은 게 없어도 초목은 무성하게 잎을 맺고, 꽃을 피우고, 열매를 맺는다.

그 시스템에 손을 댐으로써 인간에게 편하고 좋은 결과를 얻으려 하는 행위가 곧 농업이라고 후쿠오카는 말한다.

비료를 주면 보다 큰 열매를 맺는다. 해충을 죽이면 보다 많은 작물을 수확할 수 있다. 인간은 그런 식으로 생각한다. 그래서 비료를 주고 해충을 없애는 방법을 발달시켜 왔다.

그것이 거듭된 결과, 농작물은 자연의 산물이라기보다 일종의 석유 화학 제품이 되어 버렸다. 현대 농업은 대량의 화학 비료와 농약을 투입하고, 농기계를 사용해야만 운영할 수 있게 되었다. 화석 연료가 고갈되면 과연 어떻게 될까.

이는 인간의 지혜나 행위가 단순히 헛된 노력에 그치는 게 아니라, 해롭기까지 한 것을 보여 주는 극명한 실례라고 후쿠오카는 생각했다.

그러나 자신이 이상으로 내건, 아무것도 하지 않는 농업이 현대 농업보다 뛰어나다는 사실을 증명하지 못한다면 그것은 탁상공론에 불과하다. 석유 화학 제품이든 자연의 산물이든 현대 농업이 인류가 먹고 살아갈 식량을 생산하는 것은 사실이기 때문이다.

맨 처음에는 문자 그대로 아무것도 하지 않는 농업을 실천했다고, 후쿠오카는 자신의 저서에서 술회했다. 부모에게 물려받은 고향의 귤 과수원을 가지치기도 하지 않고 그대로 방임한 것이다. 그 결과, 가지는 복잡하게 뒤얽히고 해충이 생겨 귤나무가 말라 버렸다.

인위적으로 만든 과수원은 자연과는 또 다른 것이었다.

동물원에서 키운 동물을 곧바로 야생으로 놀려보낼 수 없는 것처럼 과수원의 귤나무도 단순히 사람의 손길을 끊는 것만으로 자연으로 되돌릴 수는 없었다. 그것은 과수원뿐만 아니라 논이나 밭도 마찬가지였다.

아무것도 하지 않는 농업이란, 다시 말해 그 자체로 완결된 자연 시스템을 백 퍼센트 되살린 농업이라는 뜻이다. 인간에게 길들여진

농작물을 그런 자연 시스템에 맡기려면 그 나름의 절차가 필요했다.

이러한 사실을 깨달은 후쿠오카가 40년 가까운 세월에 걸쳐 완성시킨 것이 바로 자연 농법이다. '정말 아무것도 안 해도 될까' 라는 발상 때문에 시행착오를 거듭했다고 후쿠오카는 말한다. 문명은 뭔가를 덧붙이는 쪽으로 발전해 왔다. 하지만 그는 그와는 반대인 뺄셈을 되풀이하면서 최종적인 이상, 즉 인간이 아무것도 하지 않는 농업을 목표로 삼은 것이다.

기무라 씨가 우연히 산 그 책에는 후쿠오카가 시행착오를 겪으며 완성시킨 쌀과 보리의 '연속 불경작 직파直播' 재배법이 나와 있었다.

이 농법은 간단히 요약하면, 갈지 않은 땅에 쌀과 보리와 클로버 씨를 직접 뿌리고, 자라난 쌀과 보리를 벤 후 그 짚을 논에 그대로 뿌려 주는 일 외에는 아무것도 하지 않는다.

후쿠오카는 이 방법으로 30년에 걸쳐 농약을 쓰는 현대 농업 수준의 수확을 얻었다고 했다. 조금 믿기 어려운 이야기였다.

논을 안 갈면, 모를 심을 수도 없다. 농약도 비료도 필요 없다면, 세상 농가들이 뼈 빠지게 하는 고생은 대체 뭐란 말인가.

게다가 기무라 씨는 기존의 방식으로 농사를 지어 수입을 올리는 농가였다. 후쿠오카가 그 책에 쓴 내용을 곧이곧대로 믿기 힘들었다. 또한 쌀과 보리의 이모작이 가능한 에히메 현과 겨울이면 눈 속에 발이 푹푹 빠지는 아오모리 현의 기후는 너무나 달랐다. 후쿠오카의 농법을 그대로 실행한다는 건 가당치도 않은 일이었다.

그런데도 기무라 씨는 그 책을 되풀이해 읽지 않을 수 없었다.

후쿠오카의 책을 읽어 나갈수록 기무라 씨의 마음속에서 한 가지 생각이 차츰 고개를 쳐들기 시작했다. 그것은 농약 범벅이 되어 사과를 키울 때는 단 한 번도 떠올려 본 적이 없는 생각이었다.

자신은 지금껏 사과를 재배하기 위해 이른 봄부터 9월 수확 전까지 10여 차례에 걸쳐 농약을 뿌렸다. 사과 잎은 농약으로 새하얗게 변했다. 그렇게 하지 않으면 병이나 벌레로부터 사과를 지켜 낼 수 없다고 믿었기 때문이다.

하지만 과연 그럴까?

화학 비료 사용을 멈추다

"대단하다는 생각이 들었어. 사과 농사도 그렇게 할 수만 있다면 좋겠다 싶었지. 아마 후쿠오카 씨의 책을 안 읽었다면 그런 생각조차 안 했을 거야. 그렇잖아, 이 세상 누구도 그런 일을 해본 사람은 없었으니까. 사과 키우는 데 농약을 쓰는 건 당연한 일이었고, 농약 없이는 사과 재배가 불가능하다는 건 상식 이전의 문제였거든. 지금도 거의 대부분의 농가가 그렇게 믿고 있을 거야. 어떤 의미에서 보면 그게 맞아. 무턱대고 무농약 재배를 했다간 백발백중 실패할 테니까. 하지만 그런 책을 읽은 게 얕은 지식이 되어 버린 셈이지. 아무리 다른 과일나무가 가능했다 해도 사과 재배만은 농약 없이는 불가능하다고들 했지만 말이야, 곰곰이 생각해 보면 누구도 정말 불가능한지 어떤지 시도해 본 적조차 없잖아. 사람의 손길을 끊고 돌보지 않은 사과 밭은 병과 해충이 걷잡을 수 없이 발생해서 손쓸 방법이 없는 건 확실해. 농약을 안 써서 그렇다고 믿어 왔는데, 과연 정말 그런 걸까 하는 생각이 들더라고."

후쿠오카의 과수원은 에히메 현에 있었다. 당연한 일이겠지만, 기무라 씨가 손에 넣은 그 책에는 사과 재배에 관련된 항목이 없었다. 그러나 귤 재배에 관해서는 상세히 기술되어 있었다.

후쿠오카는 귤 과수원 경영을 나중에 아들에게 맡긴다. 처음에는 화학 비료와 농약도 쓴 것 같다. 그러나 화학 비료와 농약 사용을 서서히 줄이고, 마지막에는 닭똥과 퇴비를 주성분으로 한 비료, 기계유나 유황 합성제 등, 예로부터 크게 위험하지 않다는 약제를 살포해 탐스러운 귤을 수확하게 되었다고 쓰여 있었다. 후쿠오카의 귤 과수원 역시 적어도 그 당시에는 완전한 무농약도 무비료도 아니었던 것이다.

기무라 씨도 완전 무농약을 목표로 삼은 건 아니었다. 농약 살포량을 조금이라도 좋으니 줄여 볼 생각이었다.

하지만 그 당시에는 사과 농약을 줄이는 재배에 관한 텍스트는 한 권도 없었다. 기무라 씨는 독학을 시작했다. 사과에 관한 책은 닥치는 대로 읽어 나갔다. 사과 관련 서적들을 갖추고 있는 지역 도서관을 매일같이 드나들며 사과 책뿐만 아니라, 유기농 재배에 관한 서적도 정신없이 읽었다.

"그래서 화학 비료가 안 좋을지 모른다는 생각을 하게 되었고, 닭똥을 모아 퇴비를 만들기 시작했어. 마음 맞는 농가와 힘을 합해 내다 팔 수 있을 정도로 잔뜩 만들었지. 화학 비료를 모두 끊고 내 손으로 만든 퇴비를 밭에 뿌리고, 그 후에는 농약을 줄여 나갈 계획이었지. 그 무렵 우리는 사과 밭이 네 군데 있었어. 세 군데는 예로부터 기무라 집안에 내려온 밭이었고, 나머지 하나는 내가 사위로 들어갈 때 본가 아버지에게 받은 밭이었지. 그 네 군데 밭에서 농약 살포 횟수를 바꿔 봤어. 그때까지는 1년에 13회 정도 농약을 뿌렸지. 그것을 6회 뿌리는 밭과 3회 뿌리는 밭, 그리고 1회만 뿌리는 밭으로 나눴어. 결론부터 말하자면 농약을 6회 살포한 밭은 보통 밭에 거의 뒤지지 않을 정도로 수확이 있었지. 3회 뿌린 밭은 해충 피해는 있었지만 참아 줄 만했고. 1회밖에 안 뿌린 밭은 역시나 벌레가 많더군. 그런데도 보통 수준으로 농약을 사용한 밭의 절반 이상의 수확은 있었지. 그래서 그쯤에서 다시 주판알을 튕겼지."

농약을 줄여도 사과 피해는 예상보다 크지 않았다. 물론 1년에 한 번만 농약을 뿌리는 밭에서는 수확이 반감했지만, 그 대신 농약에 드는 비용은 단순 계산으로 쳐도 13분의 1이었다. 경비를 따져 보면 수익률이 그리 나쁘지 않았다.

거기다 1회 농약 살포까지 끊고 완전 무농약 재배를 한다면, 농약 비용은 제로가 된다. 그러면 수확량이 어느 정도 줄어들지 모르지만, 그럭저럭 수지가 맞지 않을까.

하나같이 사과 무농약 재배는 불가능하다고 말했다. 어느 누구도 성공한 사람이 없었다. 아무도 해본 적이 없는 일에 도전한다는 생각만으로도 기무라 씨의 가슴은 요동쳤다.

"상황이 이 정도면 완전한 무농약 재배도 가능할지 모른다는 생각이 들었지. 하긴, 지금 돌이켜 보면 젊은 혈기가 극에 달해서 그렇게 믿어 버린 거지. 그래서 아버지와 상의했어. 내년 봄부터 무농약 재배를 시도해도 좋겠냐고. 내심 보나마나 반대할 거라 생각했지. 아니, 물론 나는 될 거라 믿었지만, 상식적으로 그런 일을 허락할 사람은 아무도 없을 테니까. 그래서 설득하는 데도 시간이 꽤 오래 걸릴 줄 알았어. 그런데 '무농약으로 해보고 싶다'고 하니까 아버지가 선뜻 '해보게' 하시는 거라. 오히려 내가 깜짝 놀랄 정도로 시원스럽게 허락해 줬지."

여기서 기무라 씨가 아버지라고 부르는 사람은 아내 미치코 씨의 아버지, 즉 기무라 씨의 장인이다.

장인은 오랫동안 우체국에서 일한 사람으로, 사과 밭은 있었지만 전업 사과 농가는 아니었다. 태평양 전쟁 중에 출정했던 남방 섬에서 농작물을 직접 길러 식량을 자급한 경험이 있었다. 정글에서 쌀과 고구마를 길렀던 것이다.

"아버지는 전쟁 때 겪은 얘기를 많이 들려주셨지. 녹슬어서 구멍 뚫린 철모를 이용해 강에서 새우를 잡아먹었던 이야기 같은 거 말이야. 밭도 꽤 만들었던 모양이야. 물론 농약은 구할 길이 없었지만, 가지 같은 채소는 나무만큼 크게 자랐다더군. 그런 경험이 있어서 농약 없이는 농사가 안 된다는 기성관념에 얽매이지 않았던 거야. 일본으로 돌아온 후에도 다양한 시도를 하셨지. 모는 몇 포기를 심어야 수확이 가장 많은가와 같은 실험 말이야. 열심히 연구하는 분이셨어. 그랬기 때문에 내가 하려는 일을 이해해 줬을 거야. 아버지가 대를 이은 사과 농사꾼이었다면 농약을 줄이는 것조차 설득하기 힘들었을걸. 하지만 아무리 그래도 무농약으로 사과가 열릴 거란 생각은 안 했다며 나중에 웃으시더군. 2, 3년쯤 지나면 틀림없이 포기할 줄 아셨다면서……."

30년도 더 된 옛날, 기무라 씨가 20대였던 시절의 이야기다.

정확한 연도는 기무라 씨 자신도 기억하지 못한다. 앞뒤를 따져 추측해 보면, 그가 농약을 줄여 가는 재배에서 완전한 무농약 재배로 이행하기 시작한 때는 1978년 무렵인 듯싶다.

그해에 기무라 씨는 네 군데 사과 밭 중 한 곳, 결혼할 때 본가 아버지가 물려준 이와키 산자락의 8천8백 제곱미터 밭을 농약 살포 제로 구역으로 정했다. 기무라 씨가 어린 시절에 본가 아버지가 개간한 밭이었다. 기무라 씨와 그의 형도 함께 산비탈을 일궜고, 사과 묘목을 심을 때 심부름하던 기억도 남아 있었다.

기무라 씨는 옛 추억이 가득한 그 밭에서 사과 무농약 재배를 시작했다.

보통은 이른 봄 사과가 발아하기 전부터 농약 살포를 시작한다. 사과가 발아하면 다시 농약을 뿌리고, 꽃이 피면 다시 농약을 뿌린다. 병 예방이나 해충 구제는 시기에 따라 농약 살포 목적도 다르고,

살포하는 약 종류도 물론 다르다.

 당시 평균적인 사과 농가는 가을 수확기까지 약 반년 동안 13회 전후로 온갖 농약을 뿌렸다. 한데 기무라 씨는 그 과정을 모두 없애 버린 것이다.

3

고목 숲을 푸른 사과 밭으로

농약이란 게 참 대단하다는 생각도 들더라고.
농약을 뿌리는 것만으로 그렇게 심한 병을 막았던 거잖아.
그러나 이상한 소리로 들릴지도 모르지만,
고목 숲 같은 밭을 보니 오히려 투지가 더 끓어올랐지.
이른 봄에 아무 문제도 없을 때는 성취감이 별로 없었거든. 농약을 안 썼을 뿐이고,
퇴비 만드는 일 외에는 거의 아무것도 안 했으니까. 그런데 사과 무농약 재배가
그리 만만하게 뜻대로 되는 일이 아니란 걸 깨닫자 갑자기 의욕이 솟구쳤지.
이제부터는 내가 나설 차례다, 어떻게든 내 힘으로 이 고목 숲을
예전의 푸른 사과 밭으로 바꿔 놓겠다.
그렇게 결심하게 됐지.

벌레들의 천국이 된 사과 밭

아오모리에서는 5월에 사과 꽃이 핀다.

꽃의 개화에는 아무런 문제도 없었다.

농약을 뿌리지 않아 밭의 공기는 상쾌했다. 푸른 하늘 저편으로 이와키 산이 우뚝 솟아 있었다. 그 아름다운 광경을 배경 삼아 기무라 씨가 애지중지 길러 온 사과나무들이 새하얀 꽃을 피웠다.

같은 장미과 나무여서 사과 꽃은 벚꽃과 비슷하다. 다만 사과는 개화 전에 잎이 열린다. 초록빛 잎 사이로 하얀 꽃이 핀다. 때문에 사과 꽃놀이는 벚꽃만큼 화려하지는 않다.

그렇지만 사과 농가에는 그 무엇과도 견줄 수 없을 만큼 가슴 뛰는 광경이다.

잎과 꽃이 있어야 비로소 사과 열매가 크게 자랄 수 있기 때문이다. 이윽고 암꽃술이 가루받이를 하면 꽃의 밑동이 부풀어 오르기 시작한다. 그 작은 열매로 잎에서 만들어진 양분이 잇달아 전달된다. 풍성하게 우거진 잎이 가을 결실을 약속하는 것이다.

도호쿠 지방의 늦봄 햇살은 무척 강하다. 그 햇살에 보조를 맞추듯 잎이 큼지막하게 자라고 초록은 짙어만 간다.

6월 들어서도 걱정했던 병충해 피해는 거의 없었다.

꿈이라도 꾸는 기분이었다.

자신이 엄청난 발견을 했을지도 모른다는 생각이 들었다.

사과 재배에 농약 따윈 필요치 않았던 것이다.

화학 비료를 끊고 퇴비를 쓴 게 효과적이었을지도 모른다.

이렇게 간단히 무농약 재배가 가능하다면 이 농사법은 눈 깜짝할 사이에 일본 전체로 퍼져 나갈 게 틀림없다. 사과 농가들이 농약에서 해방되는 것이다. 혹시 자신이 그 공헌자가 되는 건 아닐까.

김칫국부터 마신다는 말이 있는데, 아주 건강해 보이는 사과나무를 바라보면서 기무라 씨는 기쁨에 사로잡혀 있었다.

그러나 상황이 순조로웠던 것은 처음 2개월뿐이었다.

7월로 접어들지미지 잎에 이상 현상이 보였다. 사과 잎이 누렇게 변하기 시작한 것이다.

"막 7월로 들어섰을 때였어. 누렇게 변하는 잎이 생기기 시작했지. 푸른 밭 일대에 누런 잎이 생기면 금방 눈에 띄잖아. 그러더니 그 누렇게 변한 사과 잎이 팔랑팔랑 힘없이 떨어져 내리는 거라. 그래도 떨어진 잎은 그리 많지 않았어. 농약을 줄여 보려고 했을 때도 다소 병에 걸리긴 했으니까. 아, 역시 병은 생기는구나 생각했지. 농약을 안 쳤으니 어쩔 수 없다, 처음에는 그렇게 받아들였지. 한데 그게 멈추지 않았어. 밭 전체의 잎들이 점점 누렇게 변해 가더니, 7월 말에는 잎이 절반이나 떨어져 버리더군. 8월 오본(조상의 영을 기리는 일본의 명절) 무렵에는 남아 있는 잎이 더 적었다니까. 가까스로 매달려 있는 잎들도 거의 다 누렇게 변해 버렸고······. 한마디로, 말라 죽은 나무 같은 상태였지. 이른 봄에 꽃이 피었으니 사과 열매가 달리긴 했지만, 뭐라고 해야 할까, 고목 숲에 사과만 매달린 느낌이었어."

병에 걸려 잎이 떨어지자, 사과나무는 열심히 새잎을 맺었다. 그러나 힘겹게 맺은 새잎들도 눈 깜짝할 사이에 병들었다. '반점낙엽병'이었다. 잎에 다갈색 반점이 생기고, 머지않아 잎 전체가 노란색으로 변해 떨어져 버리는 병이다. 농약을 안 썼다는 이유만으로 그렇게까지 피해가 클 줄은 상상도 못했다. 농약을 한 번 뿌린 밭과 한 번도 뿌리지 않은 밭은 천국과 지옥만큼이나 차이가 컸다.

"솔직히 말하면, 그때는 농약이란 게 참 대단하다는 생각도 들더라고. 농약을 뿌리는 것만으로 그렇게 심한 병을 막았던 거잖아. 그러나 이상한 소리로 들릴지도 모르지만, 고목 숲 같은 밭을 보니 오히려 투지가 더 끓어올랐지. 이른 봄에 아무 문제도 없을 때는 성취감이 별로 없었거든. 농약을 안 썼을 뿐이고, 퇴비 만드는 일 외에는 거의 아무것도 안 했으니까. 그런데 사과 무농약 재배가 그리 만만하게 뜻대로 되는 일이 아니란 걸 깨닫자 갑자기 의욕이 솟구쳤지. 이제부터는 내가 나설 차례다. 어떻게든 내 힘으로 이 고목 숲을 예전의 푸른 사과 밭으로 바꿔 놓겠다. 그렇게 결심하게 됐지."

여름이 지나고 가을로 접어들자, 그 고목 숲 같은 밭에서 사과나무들이 일제히 꽃을 피우기 시작했다. 제철도 아닌데 피는 미친 꽃이었다. 잎이 거의 다 떨어진 상태에 기온까지 내려가면서 사과나무는 생리적으로 이른 봄과 매우 비슷한 상태에 놓여 버린 건지도 모른다.

다른 밭에서는 사과 수확이 시작되었다.

기무라 씨의 밭에서는 가을이 되었는데도 크지도 못하고 여전히 설익은 열매 틈에서 사과 꽃이 피어났다.

등줄기가 오싹해지는 광경이었다. 가을에 꽃을 피운 사과나무가 이듬해 봄에 꽃을 피울 리 없었다. 사과가 피운 꽃은 내년 봄에 필 꽃망울이었던 것이다. 그것으로 내년 수확도 절망적인 상황이었다.

그러나 기무라 씨의 눈에는 그 광경이 사과나무가 살기 위해 필사적으로 발버둥치는 모습처럼 보였다.

사과나무는 잎을 잃을 때마다 새로운 잎을 맺었다. 떨어지고 또 떨어져도 계속해서 새로운 잎을 맺었다. 병에 노출되어 있으면서도 어떻게든 살아남으려고 애썼다.

잎은 식물 생명의 원천이다.

잎 세포 하나에는 수백 개의 엽록체가 존재한다. 엽록체는 태양 빛을 에너지로 삼아 대기 중에서 흡수한 이산화탄소와 물로 포도당 같은 유기물을 합성하고, 지질脂質이나 단백질 대사를 실행한다. 그런 잎을 잃는다는 의미는 동물로 치면 먹이를 구하지 못하는 상황이다.

혹독한 기아 상태에 놓여 있으면서도 사과나무는 봄이 왔다고 착각한 나머지 다음 세대로 생명을 이어 주기 위해 꽃을 피운 것이다.

잎에 걸린 병만 쫓아낼 수 있다면, 그 강력한 생명력이 사과나무를 부활시킬 게 틀림없었다. 사과 무농약 재배 성공의 열쇠는 무엇보다 먼저 잎을 지켜 내는 데 있었다. 그렇다면 농약을 안 쓰고 어떻게 잎을 지켜 낼 것인가. 그 방법만 찾는다면, 불가능이라 여겼던 사과 무농약 재배를 가능하게 만들 수 있을 것이다.

누구에게도 말하지 않았지만, 기무라 씨는 자신이라면 그 일을 해낼 수 있다고 믿었다.

오토바이나 트랙터 엔진도 처음 뚜껑을 열었을 때는 절망적일 정도로 복잡하게 보인다. 그러나 분해해 나가는 동안 하나하나의 부품이 기계 전체 안에서 어떤 작용을 하는지 보이기 시작한다. 그것만 알면 자기 뜻대로 기계를 개조할 수 있다. 사과 재배 역시 똑같은 일일 것이다.

사과 병의 정체는 곰팡이나 균이다.

예를 들면 반점낙엽병은 일종의 균이다. 그 균이 사과 잎이나 열매 표면에서 번식하여 생체 기능을 파괴시킨다. 인간의 피부병 같은 것이므로 그 균이 싫어하는 물질을 찾아내 뿌려 주면 병을 막는 일도 그리 어렵지 않을 것이다.

기무라 씨는 농약 대신 사람들이 늘 먹는 식품 중에서 병을 막아 낼 방법을 찾을 수 있을 거라 생각했다. 그런 성분이라면 사과를 먹는 사람은 물론 농사짓는 농가도 안전하게 사과를 재배할 수 있다. 환경에 미치는 영향도 적을 것이다. 그런 생각으로 찾아보니 효과가 있을 법한 식품 몇 개가 리스트에 올라왔다. 마늘이나 고추냉이처럼 식품 중에는 자연 살균력을 가진 것이 적지 않다. 또 살균력은 없어도 곰팡이나 균의 성장을 저해하는 물질을 포함한 식품을 찾아낼 수 있을지도 모른다.

그러나 문제도 있었다. 밭이 한 군데뿐이면 그 모든 것을 시험하기에는 시간이 너무 오래 걸린다.

네 군데 밭 중에서 한 군데만 무농약 재배를 시작한 것은 당연히 수입을 고려했기 때문이다. 기무라 씨도 처음부터 무농약 재배가 성공할 거라고는 기대하지 않았다. 농약을 안 쓰는 밭의 수확이 제로가 되더라도 한 군데뿐이면 수입 감소는 4분의 1 선에서 끝난다. 몇 년이 걸릴지 알 수는 없지만, 무농약으로도 안정된 수입을 얻을 수 있다는 걸 확인한 후에는 다른 밭도 무농약으로 바꿀 계획이었다.

그러나 황폐해진 밭을 바라보니 그런 태평한 소리나 할 상황이 아니라는 자각이 들었다. 모든 사과나무가 영양실조에 빠져 있었다. 그 상태라면 나무 자체가 쇠약해진다. 한시라도 빨리 사과 잎을 지켜 낼 방법을 찾아야 하지만, 사과 재배는 1년에 한 번밖에 결과가 안 나온다. 그것이 바로 농업의 어려움인데, 설령 사과 재배에 30년을 매달렸다 해도 사과 수확은 서른 번밖에 못 한다.

한시라도 빨리 정답을 찾아내기 위해 실험 횟수를 최대한 늘리고 싶었다.

기무라 씨는 이듬해, 두 군데 밭을 무농약으로 바꿨다. 그리고 다음 해에는 큰맘 먹고 네 군데 밭 전체에 농약 사용을 멈췄다. 사과 수확은 제로가 되었다. 당시에는 아직 논이 있어 수입이 전혀 없지는 않았으나, 거의 제로에 가까웠다.

그런데도 그 방법만이 성공의 길이라고 굳게 믿어 버린 것이다.

사람들이 제정신인가 의심하는 시선으로 바라보는 건 어쩔 수 없는 일이었다.

아니, 실제로 기무라 씨는 제정신이 아니었는지도 모른다.

"사과 수확이 없다는 건 수입이 없다는 거지. 바보 같은 짓을 저지른 거야. 지옥으로 향하는 외길로 뛰어든 셈이지. 그래도 그때는 다른 생각을 할 수 없었어. 머릿속에는 오로지 반점낙엽병을 억누를 식품을 발견해야 한다는 생각뿐이었지."

기무라 씨는 그렇게 말했다. 그것이 기무라 씨의 어린 시절부터의 나쁜 버릇이었다. 한 가지 일에 열중하면 앞뒤 분간하지 못했다. 기계를 만지거나 오토바이를 개조할 때도 완성시킬 때까지는 잠도 제대로 잘 수 없었다. 이틀이든 사흘이든 한숨도 안 자고 작업을 계속했다. 결혼해서 농사일을 시작한 후로 그런 정신 상태가 된 것은 그때가 처음이었다. 사과 무농약 재배가 기무라 씨에게 단순한 일이 아니었다는 뜻일 것이다. 그런 의미에서 보면 기무라 씨는 행복했다고 말할 수 있을지도 모른다. 행복하긴 했지만, 한 집안의 생계를 생각하면 매우 위험한 상태이기도 했다.

"수입이 어떻게 되느냐 하는 건 아무 상관 없었어. 그런 생각은 머릿속에 전혀 없었으니까. 시도해 보고 싶은 일들이 꼬리에 꼬리를 물고 떠오르는 거라. 뭐 하긴, 그저 닥치는 대로 하는 느낌도 없지 않았지만 말이야. 밥을 먹다가 생선에 간장을 뿌리잖아. 그러면 문득 혹시 간장이 효력 있을지도 모른다는 생각이 들어. 그럼 당장 시험해 보고 싶어 견딜 수가 없는 거야. 잠을 자도 꿈을 꿔도 그 생각뿐이었어. 뭔가가 떠오르면 한밤중에라도 일어나서 밭으로 달려가고 싶었지. 밀가루로 풀을 쒀서 뿌려 보기도 하고, 술을 묽게 타서 뿌려 보기도 했어. 고추냉이를 뿌린 적도 있고. 가루 고추냉이를 물에 타서 뿌리는데 그건 정말 눈물이 나서 여간 고역스러운 게 아니야. 뿌리고 나서 한동안은 밭 근처만 가도 고추냉이 냄새로 코가 찡했으니까. 아하하하, 완전 코미디지."

심지어 달걀흰자를 뿌려 본 적도 있다. 장미에 관한 가정 원예 책을 읽는데, 우유가 진디에 효과가 있다고 나와 있었다. 벌레에 효과가 있다면 병에도 효과가 있을지 모른다. 그렇게 생각하고 우유를 물에 타서 뿌렸다. 우유는 물에 잘 안 섞인다. 그래서 세숫비누를 섞어 녹인 뒤에 뿌렸다. 물론 효과는 없었다. 진디 대책이 반점낙엽병

대책이 될 리 없었다. 하지만 기무라 씨의 사고는 이미 오로지 그런 방향으로만 움직였다. 우유는 동물성 단백질이다. 같은 동물성 단백질인 달걀흰자라면 효과가 있을지도 모른다고 생각하게 된 것이다.

"그러면 그다음에는 달걀흰자를 시도해 보는 거야. 그 무렵에는 매일같이 노른자만 먹었어. 뭘 해도 효과는 없었지만 말이야. 아, 정말이지 뭘 한 건지 모르겠어. 그런데도 또다시 저건 어떨까 하는 생각이 들더군. 올해는 이것과 저것은 안 됐으니 내년에는 다른 걸 시도해 봐야겠다고 결심했지. 바보처럼 그런 짓만 되풀이했어. 사과나무의 상황은 참담했어. 해가 지날수록 심해졌지. 반점낙엽병은 여전히 맹위를 떨쳤고, 그러는 사이 해충이 무지막지하게 발생했지. 그야말로 벌레들의 천국이 시작된 거야."

'농약'이 아오모리 사과를 살렸다!?

    18세기 영국에서 품종 개량이 시작되기 전까지 사과는 기껏해야 귤 크기 정도의 과일이었다. 앞서 말한 것처럼 요리 재료나 술 원료로만 쓰였다. 그대로 먹기도 했지만, 그건 당시에 단 음식이 지금처럼 풍부하지 않았기 때문일 것이다. 현대인의 감각에서 본다면, 단맛도 부족하고 신맛과 떫은맛이 너무 강해 먹을 만한 과일이 못 되었다.

    19세기에 접어들자, 야생종에 가까운 이런 형태의 사과를 '크랩애플'이라 부르며 보통 '애플'과 구별하게 되었다. 그냥 '애플'이라고 하면 품종 개량으로 커지고 단맛이 강해진 사과를 의미했다. 품종 개량 사과가 일반적인 사과가 되었다는 의미일 것이다. 하지만 커졌다고 해도 어디까지나 크랩애플에 비교했을 때다. 유럽에서는 일본인처럼 사과를 잘라 먹는 일이 거의 없다. 사과는 통째로 먹는 과일이었기 때문에 너무 큰 품종은 꺼렸다. 유럽에는 아직도 작은 크랩애플을 먹던 시대의 습관이 짙게 남아 있을지 모른다.

영국에서 시작된 사과 품종 개량은 신대륙에서 눈부시게 발전했다. 아메리카 대륙에 사과나무를 들여온 것은 메이플라워호 이래 유럽에서 건너온 이주민들이었다. 19세기이므로 물론 크랩애플이다. 고향 유럽을 떠올리게 하는 향수 어린 과일이라는 점도 있었겠지만, 그 이상으로 사과는 음료수를 대신하는 주스나 시드르의 원료가 되는 귀중한 과일이었다. 개척되지 않은 땅에서 살아가는 데 무엇보다 필요한 것은 안전한 음료수다. 때문에 사과나무는 개척자들의 정원에 없어서는 안 될 존재가 되었고, 그들이 서쪽으로 이동함에 따라 사과 산지도 동부에서 서부로 퍼져 나갔다.

그 무렵쯤 조니 애플시드라는 인물이 등장한다. 애플시드는 미국인이라면 모르는 사람이 없을 정도로 유명한 전설적 영웅이다. 본명이 존 채프먼인 그는 사과나무를 심었다. 개척자들의 손을 빌려 새로 들어간 땅에 사과나무를 몇천, 몇만 그루씩 심은 것이다. 애플시드가 활약한 19세기 초부터 중반에 걸쳐 미국에서는 새로운 사과 품종이 잇달아 선을 보였다.

오늘날 사과와 직접적으로 이어지는 생식용 사과 품종의 선조 대부분은 이 시기에 생겨났다. 작고 떫은 사과밖에 몰랐던 사람들은 크고 단 사과에 눈을 휘둥그레 떴을 것이다. 신품종 묘목은 사과의 원산지인 유럽으로 역수입되었고, 미국산 대형 사과는 세계적인 붐을 일으켰다.

그리고 그 여파는 문호를 개방한 동양의 섬나라에까지 전해졌다. 페리가 네 척의 증기선을 이끌고 우라가浦賀에 도착한 것은 존 애플시드가 세상을 떠난 지 8년째 되던 1853년이었다. 그로부터 7년 후, 일·미 수호 통상 조약 비준 특사로 아메리카에 건너갔던 신미 부젠노카미('신미新見'는 성姓, '부젠노카미豊前守'는 부젠 지방의 장관 직함)가 이 서양 사과의 묘목을 일본으로 들여왔다.

미합중국 정부의 선물을 받은 건지, 아니면 부젠노카미가 직접 매입한 것인지는 알 수 없지만, 이 서양 사과가 막부 고관들에게 선물하기에 적합한 이국의 과일이었음은 틀림없다. 품종이 개량된 달고 큰 사과는 오늘날로 치면, 문명국 미국이 자랑하는 최첨단 하이테크 제품이었다.

메이지 시대에 들어서자, 이 서양 사과가 일본에서도 재배되기 시작했다. 일본 정부의 내무성 권업료勸業寮(메이지 시대의 산업 육성 기구)와 홋카이도北海道 개척사開拓使(메이지 초기에 홋카이도의 행정·개척을 맡은 관청)가 농산업 육성을 위한 국가 정책으로 아메리카에서 서양 사과 묘목을 수입해 국내 농업 시험장에서 접목, 번식시켜 전국 각지에 배포한 것이다.

에도 시대부터 일본의 원예 기술은 매우 높은 수준에 도달해 있었다. 에도의 정원사 손길만 거치면 아메리카에서 건너온 그 과일나무를 접목을 통해 늘리는 일쯤은 식은 죽 먹기였다.

사실은 일본에도 오래전부터 사과가 있었다. 오다 노부나가織田信長의 여동생 오이치를 아내로 맞은 아자이 나가마사淺井長政가 쓴 인사 편지에 증답품 능금林檎에 대한 글이 남아 있을 정도다. 다만, 그 능금은 필시 톈산天山 산맥을 원산지로 하는 야생종이 중국을 거쳐 일본으로 들어온 것으로서 구미의 크랩애플처럼 작고 떫은 과일이었을 것이다. 물이 풍부한 일본에서는 유럽이나 미국처럼 물 대신 과일을 짜 마시거나 알코올을 만드는 습관이 없었다. 따라서 기본적으로는 대부분 관상용이었던 것 같다.

한자로 '林檎'이라고 쓰는 것은 원래 예로부터 내려온 일본의 전통 사과를 가리켰다. 그런데 아메리카에서 건너온 사과가 일본 각지에서 재배되기 시작하면서 옛 능금의 그림자는 옅어지고, '일본 사과'라는 특별한 이름으로 불리게 되었다.

원래부터 있던 야생종에 가까운 사과를 굳이 크랩애플이라 부르게 된 것과 똑같은 현상이 일본에서도 일어난 것이다.

서양 사과는 놀랄 만한 기세로 일본 전국에 퍼져 나갔다. 권업료가 사과 묘목을 배포하기 시작한 것이 메이지 7년(1874), 그 묘목이 자라 처음으로 열매를 맺은 것이 메이지 10년(1877) 전후다. 메이지 13년(1880)에는 전국에 사과 열매가 열리기 시작했다. 일본 사과와는 비교도 할 수 없을 만큼 맛있는 서양 사과가 날개 돋친 듯 팔려 나갔다. '사과나무 한 그루에서 쌀 16가마 수입이 나온다'는 소문에 힘입어 사과 재배 면적이 비약적으로 확대되었고, 메이지 20년대에는 제1차 사과 붐이 도래한다. 그 당시에는 일본 어디에서나 사과가 재배되었다. 메이지 정부의 농업 행정 관료들의 계획이 멋들어지게 성공한 것이다.

그러나 오래가지는 못했다.

신종 사과를 환영한 것은 인간뿐만이 아니었다.

단 사과는 벌레들이 매우 좋아하는 표적이 되었다. 열매뿐 아니라 부드러운 새싹이나 잎에도 해충이 수없이 들러붙었다. 농가 사람들은 서양 사과를 재배한 지 얼마 지나지 않아 그것을 알아차렸다. 하지만 그들은 메이지 시대의 일본 농가였다. 약간의 해충 정도에 당황할 리 없었다. 더욱이 농약은 알지도 못하던 시대였다. 벌레가 발생하는 시기에는 날이 밝기 전부터 벌레 잡기에 혼신을 다하며 사과나무를 지켰다.

그러나 사과 붐이 절정을 맞았던 메이지 30년대부터는 제아무리 부지런한 농가라도 극복할 수 없는 상황에 직면했다. 해충의 발생이 심상치 않았던 것이다.

'사과 면충'이라는 곤충이 있다. 가지기 길라지는 부문이나 싹 주변에 기생하는데, 이름 그대로 넌 같은 하얀 분비물로 몸을 보호하며 꽃눈 형성을 방해하거나 열매가 자라는 것을 방해하는 성가신 곤충이다. 아메리카에서 묘목을 수입할 때 함께 들어온 외래 생물이다. 천적이 없었기 때문에 일본 전국의 사과 밭은 사과 면충의 습격에 속수무책이었다. 덩달아 기세를 떨치듯 집나방과 복숭아심식나방 등 온갖 나방의 유충들이 들끓어 꽃과 잎을 닥치는 대로 먹어 치우며 밭을 황폐화시켰다. 설상가상으로 사과나무 가지를 썩게 만드는 부란병까지 유행해 사과나무가 회복 불가능한 상태에 이를 정도였다. 메이지 시대가 끝날 무렵에는 거의 모든 현이 사과 재배를 포기했다.

아오모리 현에서만 포기하지 않았던 이유는 아오모리에서는 양잠이 불가능했기 때문이라고 한다.

쌀로 세금을 바치던 시대는 가고, 농촌에도 싫든 좋든 화폐 경제가 침투했다. 농가로서는 현금 수입을 얻을 수 있는 작물이 필요했다. 메이지 정부가 사과 재배를 적극적으로 도입한 이유도 거기에 있었다. 구미 열강의 대열에 끼여 부국강병을 이루기 위해서는 세수稅收를 늘려야만 했다. 그러기 위해서는 당시 국민의 대부분을 차지했던 농가의 수입을 끌어올려야 했다. 물론 메이지 정부는 사과 재배뿐만 아니라, 다양한 현금 창출 방법도 모색했다. 양잠도 그중 하나인데 견제품은 당시 일본의 주력 수출품이었으므로 양잠 농가는 고수익을 올릴 수 있었다. 양잠이 가능한 지방에서는 구태여 힘들게 사과 재배를 계속할 필요가 없었다.

그런데 아오모리에서는 기후상 양잠이 불가능했다. 또 사과는 냉해로 인해 벼 작황이 타격을 입는 해에도 수확할 수 있었다. 거듭되는 냉해 때문에 고통받던 아오모리 농가들로서는 사과가 빈곤에서 탈출할 수 있는 커다란 희망이었다. 사과 재배를 포기할 상황이 아니었던 것이다.

그들은 급격히 발생한 해충에 인해전술로 맞섰다. 몇천 마리, 몇만 마리나 되는 벌레를 일일이 손으로 잡고, 막대기에 천 조각을 감아 두드려서 벌레를 떨어뜨렸다. 해충을 막기 위해 사과 열매 하나하나에 봉투를 씌웠다. 볏짚에 수산화나트륨을 묻혀 사과나무를 한 그루씩 닦아 주었다. 사과 밭 1단보(논밭의 넓이를 '단段'을 단위로 하여 나타내는 말. 1단보는 3백 평으로 991.74제곱미터에 해당함)를 가꾸는 데 사람 손이 35명이나 필요했다는 이야기가 있을 정도다. 당시 사과나무는 너무 잘 닦여서 방 안의 기둥처럼 반짝였던 모양이다. 그렇게 정성을 들이고도 사과나무가 말라 죽으면 베어 내고 또다시 새 묘목을 심었다.

그러나 그토록 눈물겨운 노력으로 간신히 살아남은 아오모리 현의 사과 밭도 메이지 40년대에는 꽃썩음병과 갈색무늬병이라는 병들이 잇달아 만연하면서 고사 위기에 직면한다. 특히 메이지 44년의 극심한 갈색무늬병으로 인해 사과 잎이 일찍부터 떨어져 이듬해 이른 봄을 맞아도 사과 꽃이 피지 않아 2년 연속 저잠한 흉작이었다.

해충은 인해전술로 극복할 수 있을지 몰라도 병에는 손써 볼 방법이 없었다. 병은 손으로 잡아낼 수도 없는 노릇이었다. 물론 당시 사람들도 기무라 씨와 마찬가지로 힘 닿는 데까지 최선을 다했다. 마취목과 산화칼슘, 유황, 담배 줄기, 비눗물 등 이용할 수 있는 온갖 수단을 시도했지만, 병의 만연을 멈출 수는 없었다.

이 절체절명의 위기에서 벗어나게 해준 것이 바로 농약이다.

기록에 따르면, 일본의 사과 재배 역사상 처음으로 농약이 쓰인 것은 메이지 44년이다. 갈색무늬병의 창궐로 아오모리 현의 사과 밭이 엄청난 피해를 입은 해였다.

그해, 아오모리 현 농업 시험장 연구자의 지도하에 구미에서 사용된 농약 살포가 실행되었다. 처음에는 사용법을 잘 몰라 농약 살포로 사과 잎이 오히려 더 빨리 떨어지는 등의 피해가 생겨 널리 보급되지 않았지만, 다이쇼 시대에 들어설 무렵에는 올바른 사용법이 확립되어 눈부실 만한 방제 효과를 발휘했다.

갈색무늬병으로 쓰러지던 사과나무가 되살아나는 것을 두 눈으로 확인한 농가들은 앞 다투어 농약을 도입했다. 페니실린이 결핵이라는 무서운 병을 박멸시켰듯, 손쓸 방법이 없었던 사과 병을 농약이 몰아내 준 것이다.

병충해라는 자연의 위협에 대항하는 수단을 손에 넣자, 농가 사람들은 마침내 안정된 사과 재배를 할 수 있게 되었다.

농약이 없었다면 아오모리 현에서도 사과 재배는 오래전에 끝났을 게 틀림없다.

백 년 전 사과 밭으로 역행하다

그때 사용된 최초의 농약이 바로 보르도액이었다. 기무라 씨가 예전에 사용했던 농약이기도 하다.

보르도액이라는 이름은 와인 생산지로 유명한 프랑스의 보르도 지방에서 유래한 것이다. 원래는 포도 재배에 사용된 농약이다. 황산구리에 산화칼슘을 혼합한 물질이 발휘하는 강력한 살균 작용이 포도나무를 병충해로부터 지켜 낸다는 사실은 19세기 중반에 알려졌던 것 같다. 보르도액이 세계적으로 널리 퍼진 것은 포도에만 한정되지 않고 다양한 농작물 재배에도 병과 해충의 발생이 그냥 넘어갈 수 없을 정도로 심각해진 다음부터였다.

과수 재배 방법도 크게 바뀌었다. 포도, 사과, 귤, 복숭아……. 무엇이든 한 종류의 과일나무가 광활한 과수원에 빽빽하게 심겼다. 프랑스나 이탈리아 지방을 여행하는 즐거움 중 하나는 완만한 비탈에 끝없이 펼쳐지는 포도밭 광경이기도 하겠지만, 그것은 순수한 자연의 아름다움과는 다른 것이다. 그것은 본래 그 곳에 존재해야 할 재래 식물이나 곤충, 동물을 없애고 자리 잡은 경치였다.

문명을 누리고 있는 처지에서는 그것을 비판하기가 어렵다. 쉽게 말하면 우리가 와인을 마실 수 있는 것도 그런 경치 덕분이다. 사과나 복숭아를 먹을 수 있는 것도, 아니 더 나아가 밥을 먹을 수 있는 것도 마찬가지다. 오늘날 지구 상에는 64억 명의 인간이 살아가고 있다. 그 사람들이 먹을 식량을 생산하는 일은 바로 그런 것이다.

그렇다 해도 자연이 인류의 사정을 헤아려 줄 리는 없다. 어딘가에 부자연스러운 환경이 생기면 어떻게든 본래의 자연으로 되돌리려는 힘이 작용하게 마련이다.

자연 생태계가 유지되는 환경에서는, 예를 들면 한 종류의 곤충의 수는, 얻을 수 있는 먹이의 양과 그 곤충을 포식하는 다른 생물에 의해 일정한 범위 안에서 제한된다. 생태계에는 일종의 피드백 기능이 갖춰져 있다. 그런데 사과 밭에서는 그 피드백이 작용하지 못한다. 마이크를 스피커 방향으로 돌리면, 마이크에 모인 스피커 잡음이 계속 증폭되어 하울링howling 현상이 생긴다. 그와 유사한 현상이 생태계 내부에서 벌어지는 것이다.

잎을 갉아 먹어 나무를 말라 죽이는 벌레는 초식 동물이다. 자연계에서 초식 동물은 다른 동물의 먹이가 되는 숙명을 타고났다. 곤충에만 한정되지 않고, 포유류든 어류든 먹잇감이 되는 초식 동물은 새끼를 대량으로 낳는다. 육식 동물에게 잡아먹히는 양이 예상되어 있기 때문이다. 그런데 사과 잎이라는 식량원이 무진장 주어지는 장소에서는 줄어들어야 할 양이 좀처럼 줄지 않는다. 초식 동물을 먹어 치우는 육식 동물은 초식 동물만큼 새끼를 많이 낳지 않는다. 풍부한 식량 덕분에 초식 동물의 증가가 일정 범위를 넘어서면, 육식 동물에 의한 피드백이 제대로 작용할 수 없게 된다. 스피커 음을 마이크가 모아 줌으로써 한없이 음이 증폭되어 가듯이 잡아먹힘으로써 줄어들어야 할 새끼가 줄지 않고 다음 세대의 어미가 되면, 세대가 거듭될 때마다 폭발적으로 증가해 간다. 사과 밭의 해충은 1년 동안 몇 세대가 거듭되기 때문에 인간의 척도로 볼 때 그야말로 눈 깜짝할 사이에 몇백 배로 증가한다.

  그것이 바로 백 년 전의 사과 밭 모습이었다.

  기껏해야 곤충이지만, 그 공포는 이루 다 표현할 길이 없다.

  중국의 곡창 지대에는 고대로부터 메뚜기 떼에 의한 피해 기록이 많이 남아 있다. 어떤 종류의 메뚜기 유충은 생식 수가 증가해 개체군의 밀도가 증가하면, 체형이나 생리적인 특징까지 변화한다. 오랜 시간 날아다녀도 견딜 수 있게 날개와 뒷다리가 길어지고, 집단행동을 좋아하는 흉악하고 포악한 개체로 변한다. 그들의 눈앞에 있는 식물은 남김없이 먹어 치운다.

  이른바 메뚜기의 무리살이 형태인데, 겉모습이나 성질이 너무 달라서 20세기에 들어설 때까지 일반 메뚜기와는 다른 종류의 곤충이라 여겼다. 고대 중국 사람들은 '비황飛蝗'이라 불렀다.

일본에서도 에도 시대에 멸구라는 곤충 떼로 인해 대기아가 일어날 만큼 벼농사에 큰 피해를 입었다. 그것은 거대한 쓰나미나 화산과 같이 인류를 향해 수없이 엄습해 오는 자연의 위협 중 하나이다.

사과 밭에는 메뚜기나 멸구가 생기진 않지만, 인간이 재배하는 작물 중에서도 사과는 압도적으로 병이나 해충이 발생하기 쉬운 과일나무다. 보르도액이나 이후에 개발된 다양한 농약으로 간신히 그 위협에 대항하며 사과를 생산하는 게 오늘날의 현실이다.

기무라 씨는 그런 농약의 사용을 멈춰 버렸다.

무슨 일이 일어날지는 불을 보듯 훤했다.

그리고 예상했던 일이 일어났다.

병이 만연하고, 해충이 급격하게 발생했다. 농약을 쓰지 않는 한, 그 앞에 기다리는 것은 사과 밭을 포기해야 한다는 결론뿐이었다.

기무라 씨가 경험한 일은 이미 백 년 전 선조들이 경험한 것이었다. 솔직히 말해 술이나 고추냉이를 뿌리는 정도로 대처할 수 있는 일이라면 그 누구도 고생할 이유가 없다. 메이지 20년대부터 약 30년간에 걸쳐 전국의 수천 호에 달하는 사과 농가와 농업 기술자들이 기무라 씨와 똑같은 문제에 직면했고, 똑같은 궁리를 거듭했다. 몇십 년이라는 고생 끝에 마침내 도달한 해결 방법이 농약이었던 것이다.

그런데 기무라 씨는 그 결론을 오로지 혼자 힘으로 뒤엎으려 했다. 어쩌면 자신의 능력을 과신하고 있었는지도 모른다.

"지옥으로 향하는 외길로 뛰어든 셈이지"라는 기무라 씨의 말은 조금도 과장이 아니었다. 정말 기무라 씨는 그 당시 최악의 시나리오를 향해 돌진해 갔다.

일본의 사과 재배 역사를 역행하며, 자멸의 길로 돌진해 간 것이다.

농약을 대신할 만한 식품

"이른 봄에 가장 먼저 생기는 게 잎말이나방이야. 그 뒤로 모충毛蟲과 자벌레가 발생하지. 모충이라고 해도 몇 종류나 있으니까, 다시 말하면 온갖 나방의 유충인 셈이지. 우리 밭에 많았던 건 먹무늬재주나방이라는 나방의 유충이었어. 그것 말고 애휜무늬독나방 유충도 있었고. 빨강이니 초록이니 화려한 색을 띠어서 보기엔 아름답지만 말이야. 이게 또 깜짝 놀랄 정도로 잎을 먹어 치워. 잎이 떨어지면 사과나무는 또다시 새잎을 돋운다고 했지. 그 새잎은 가지 끝에 돋아나거든. 그러면 벌레들이 또 어린 새잎이 붙은 가지 끝까지 바글바글 몰려들어서는 만원 전철처럼 밀치락달치락 야단법석을 떨지. 아마 주렁주렁 매달린다는 표현은 그럴 때 써야 할 거야. 벌레 때문에 사과 가지가 휠 정도라니까. 몇천 마리, 몇만 마리였는지 몰라. 이무튼 엄청난 양의 해충이 사과나무에 들러붙었어. 희한한 광경이었지. 그런 일이 실제로 일어날 수 있을까 고개를 갸웃거릴 정도였으니까."

해충은 손으로 잡으면 된다.

처음에는 기무라 씨도 그렇게 생각했다. 그러나 도저히 손으로 잡을 수 있는 양이 아니었다. 다 못 잡는다고 해충을 그대로 둘 순 없는 노릇이었다. 적어도 옆 밭의 경계에 심은 나무의 벌레는 무슨 수를 써서라도 잡아야 했다. 남의 밭에까지 해충을 옮길 수는 없었다. 기무라 씨와 아내 미치코 씨, 장인과 장모 넷이서 새벽부터 해가 저물 때까지 하루도 빠짐없이 벌레를 잡았다.

그들이 사용하는 도구는 비닐봉지뿐이었다. 봉지 손잡이 한쪽을 왼쪽 손목에 걸고, 그 속에 닥치는 대로 벌레를 잡아 넣었다. 그렇게 하면 양손을 쓸 수 있었다.

나무 한 그루에서 비닐봉지 세 개 분량의 벌레가 잡혔다. 그러나 기를 쓰며 잡아도 벌레는 꼬리에 꼬리를 물고 기승을 부렸다. 아무런 성취감도 없는 일이었다. 한마디로 밑 빠진 독에 물 붓는 격이었다. 해충은 조금도 줄어들 기미를 보이지 않았다. 그리고 사과는 꽃을 선혀 피우지 않게 되었다.

당연히 사과는 한 알도 열리지 않았다. 아무리 필사적으로 벌레를 잡아도 수확은 제로였다. 내가 무엇 때문에 이 일을 계속하는 걸까.

그런 생각을 하면서도 기무라 씨는 매일같이 벌레잡이로 하루 해를 보냈다.

메마른 사과 잎이 땅에 떨어지면서 소리라고 할 수도 없는 아주 작은 소리를 낸다.

기무라 씨는 팔에 비닐봉지를 건 채 묵묵히 벌레를 잡으면서 그 미세한 소리를 듣고 있었다.

한여름 더위가 기승을 부리는 날이었다. 온몸에서 땀이 솟구쳐 이마와 턱을 타고 흘러내려도 일하느라 양손이 묶여 있어 땀 닦을 틈조차 없었다. 눈꺼풀을 깜박이며 땀이 눈에 들어가지 않게 떨쳐 내면서 나뭇가지에 들러붙은 벌레를 한 마리씩 잡아냈다.

눈부시게 강렬한 태양 볕 아래, 주변 밭의 사과나무에는 보란 듯이 짙푸른 잎들이 무성했다. 겹겹이 우거진 사과 잎 때문에 밭 너머가 안 보일 정도였다.

기무라 씨의 밭만 겨울 밭처럼 살풍경했다. 누렇게 시든 잎이 한 장 또 한 장 맥없이 떨어져 내렸다.

후둑, 후둑, 후둑.

잎 떨어지는 아주 작은 소리가 큰북을 두드리는 것처럼 고막을 울렸다.

사과 밭에 있는 동안, 기무라 씨의 귀에는 그 굉음이 줄곧 울려 퍼졌다. 집으로 돌아와 잠자리에 들어도 그 소리가 들리는 것 같았다.

사과가 비명을 지르는 것 같았다.

흑설탕, 후추, 마늘, 고춧가루, 간장, 된장, 소금, 우유, 일본 전통주, 소주, 쌀가루, 밀가루, 식초…….

가능성이 보일 것 같은 식품은 하나도 빠짐없이 뿌려 가며 그 효과를 계속 시험해 봤다.

농약을 대신할 만한 식품.

그것만 발견하면 이 싸움은 끝난다. 기무라 씨는 그렇게 생각했다. 물론 농약 수준의 효과를 내는 식품이 있을 리 없었다. 기무라 씨도 병이나 벌레를 백 퍼센트 막을 거라고는 기대하지 않았다. 병의 원인이 되는 균이나 해충이 싫어하는 환경을 잎과 가지 표면에 만들어 줌으로써 사과 열매를 맺는 데 필요한 만큼의 잎만 남기면 된다.

다시 말해 기무라 씨는 살균제나 살충제가 아니라, 일종의 기피제를 찾았던 셈이다. 예를 들면 고춧가루의 캡사이신은 인간에게는 요리의 양념으로 쓰이지만, 본래는 식물이 곤충으로부터 잎이나 열매를 지키기 위해 생산하는 물질이다. 진화 과정에서 그런 물질을 스스로 만들어 낸 식물은 적지 않다.

어쩌면 염분이 균의 활성을 억제할지도 모른다. 알코올이나 식초에 살균 작용이 있다는 것도 오래전부터 알려져 왔다.

그중 어느 한 가지만 있어 줘도 괜찮지 않은가.

새로운 식품을 시험해 볼 때마다 늘 그런 생각을 했다.

하지만 어느 것 하나 만족스러운 결과를 주지 않았다.

마른풀과 닭똥을 모아 퇴비를 만들기도 했다. 그렇게 만든 퇴비를 밭에 뿌렸다. 잡초는 매달 깎아 주었다. 가족이 총출동해서 아침부터 밤까지 벌레를 잡았다. 그리고 마늘을 갈아 물에 타서 뿌리거나 식용 식초를 희석해서 뿌려 보기도 했다. 날이면 날마다 사과 밭에서 온갖 실험으로 하루 해를 보냈다.

　주변의 어느 농가보다 오랜 시간을 사과 밭에서 지냈고, 어느 농가보다 정성 들여 사과를 보살폈다.

　그런데도 기무라 씨의 밭은 한없이 게으른 농가보다 더 참혹했다. 거의 모든 잎이 병에 걸려 색이 변했다. 가까스로 살아남은 푸른 잎이나 가지까지 해충에 뒤덮이고, 발밑에는 수북이 낙엽이 쌓였다. 기무라 씨의 밭은 사과 농가 최악의 악몽 그 자체였다.

　"부엌에 있는 것 중에서 안 해 본 게 하나도 없었고, 마지막에는 나무에다 밭의 흙까지 뿌렸지. 사과에는 부란병이라는 병이 있어. 일종의 기생균이 가지나 줄기에 붙어서 거기부터 썩어 가는 병인데, 그 병을 막기 위해 옛날부터 진흙을 써왔지. 균이 기생한 부분을 잘라 내고 거기에 진흙을 발라 두면 낫거든. 흙 속에 있는 토양균이 부란병을 일으키는 기생균을 억제시키는 모양이야. 그게 효과가 있을 것 같더군. 진흙을 그대로 사과나무에 바를 순 없는 노릇이라 밭의 흙으로 진흙물을 만들었어. 그걸 하룻밤 놔두면 진흙이 가라앉는데, 그 윗물을 천으로 걸러서 뿌리는 거야. 다른 것에 비교하면 진흙물이 가장 효과가 있었는지도 몰라. 약간이긴 했지만, 잎 상태가 좋아졌으니까. 하지만 그걸로 무농약 재배가 가능해진 정도는 아니었지. 게다가 천으로 걸러 낸다 해도 눈에 안 보이는 작은 모래알까지 다

걸러 낼 순 없으니까 살포기 펌프가 수시로 고장 났지. 펌프를 얼마나 많이 고장 냈는지 셀 수도 없어. 그 무렵에는 돈도 다 떨어져서 농기구 고물상에 가서 고장 난 펌프를 사왔지. 하나에 백 엔쯤 했어. 그걸 고쳐 썼어. 피스톤이 긁힌 정도의 고장은 결 고운 사포로 정성껏 밀면 다시 쓸 수 있었으니까. 쇼난의 튜닝 가게에서 엔진 캠축을 꽤 갈아 본 터라 그 정도는 간단했지. 매일 밤 피스톤을 갈았던 때도 있었어. 아하하하. 농사꾼인지 수리공인지 나도 헷갈릴 정도였으니까."

봄은 잔혹한 계절이기도 했다.

눈이 녹고 햇살이 따뜻해지면, 겨울 동안 침체되어 있던 마음에 희망이 솟아오른다. 잎을 다 잃고 고목처럼 변했던 나무도 이른 봄이 오면 새잎이 돋아난다.

벌레나 병이 없는 연한 초록빛 잎을 바라보고 있노라면, 올해야말로 뭔가 되지 않을까 하는 기대가 생긴다.

앞으로 1년만 더 노력해 보자.

그렇게 하다 보니 2년이 가고 3년이 지났다.

세월이 갈수록 포기하기가 더 힘들었다. 거기서 포기하면 그때까지의 고생이 모두 물거품이 되어 버린다.

"작년보다 잎 상태가 좋아졌어. 올해야말로 잘될 거야."

기무라 씨는 매년 그런 말을 되풀이했다.

그러나 좋아진 건 아무것도 없었다.

그런데도 자꾸 지난해 가을의 참혹한 상황과 비교하면 신록의 잎이 건강해 보였다.

"가족들을 세뇌시킨 셈이지"라며 기무라 씨는 웃었지만, 가족보다는 자기 자신을 세뇌시켰던 건지도 모른다.

"농약을 안 쓰면 벌레가 생기는 건 어쩔 수 없는 노릇이지. 한데 그건 어느 정도가 아니었어. 정말이지 어디서 그렇게 벌레가 들끓는지 신기할 정도였어. 그러나 재미있는 건 농약을 안 쓴 후로 밭의 모습이 해마다 아주 많이 변해 갔다는 거야. 해충이 늘었다거나 커졌다거나, 대개는 고맙지 않은 변화였지만 말이야. 자벌레는 보통 성냥개비 굵기잖아. 그런데 그게 내 새끼손가락 굵기가 되었다니까. 손으로 잡으면 손가락을 깨물 정도였지. 엄청나게 큰 민달팽이도 있었지. 부엌에 사는 조그만 놈이 아니야. 어중간한 크기가 아니라고. 한 마리가 10센티미터쯤 됐어. 아마도 산민달팽이였겠지만, 그게 햇볕이 안 드는 사과나무 그늘 쪽에 찰싹 붙어 있었지. 아침에 밭으로 나가면 나무껍질에 민달팽이가 기어간 흔적이 미끈미끈 푸르께하게 빛났다니까. 대체 뭘 먹고 살았을까. 너무 많아서 사과나무에 혹시 해가 될까 봐 철저히 잡았는데, 어쩌면 해충의 알을 먹었는지도 모르지. 물론 그 무렵에는 그런 생각을 할 여유도 없었지만 말이야."

판도라의 상자는 아니지만, 그런 변화 속에서도 아주 작은 희망이 보였다. 무농약을 시작한 지 2년째 되는 해에 잎응애가 모습을 감췄던 것이다.

잎응애는 과일나무 잎을 갉아 먹는 진드기의 일종이다. 보통은 진드기 제거제로 구제하지만, 잎응애에도 그 종류에 따라 사용하는 약제가 다르다. 게다가 약에 대한 저항성이 높기 때문에 같은 진드기 제거제를 계속 쓰면 효과가 사라진다.

진드기 제거제를 써도 하루 종일 사과 손질을 하고 집으로 돌아오면 모자나 옷에 겨자씨만 한 잎응애가 점점이 붙어 있었다. 사과 재배에는 으레 따라붙는 거라고 해도 좋을 만큼 구제하기 매우 어려운 생물이다.

한데 어찌 된 영문인지 그 잎응애가 한 마리도 보이지 않았다.

"진드기 제거제는 한 방울도 안 썼는데 어떻게 그런 일이 일어났을까. 잎응애가 없어졌으니 잎말이나방이나 자벌레도 머지않아 사라질지 모른다. 아무 근거도 없었지만, 그렇게 믿으려고 애썼지. 잎응애가 없어졌다고 사과가 열리는 것도 아닌데 말이야. 그래도 그게 어렴풋한 희망이 되었어."

어렴풋한 희망에 매달린 나날

돌이켜 보면 애당초 확신 같은 건 하나도 없었다.
그저 불확실한 예감이 있었을 뿐이다.
농약을 안 쓰고도 사과를 맺을 방법은 반드시 있을 것이다.
5년 전, 그 일을 시작했을 때는 개밥바라기처럼 반짝였던 예감도
이제는 태풍 치는 밤에 구름 사이에서 아주 잠깐 얼굴을 내비치는 작은 별처럼 흐릿했다.
아니, 그것은 보인 것 같았을 뿐, 단순한 착각이었는지도 모른다. 대답은 이미 나와 있었다.
사과 무농약 재배에 실패한 것이다. 무엇보다 확실한 증거는 사과나무가
점점 말라 죽어 가는 것이다. 한시라도 빨리 농약을 써야 한다.

꽃이 피지 않는 사과나무

어렴풋한 희망은 그저 어렴풋한 희망일 뿐이었다.

모든 사과 밭을 무농약으로 바꾼 지 3년이 지나고 4년째 접어들어도 사과 꽃은 전혀 필 기미를 보이지 않았다.

그동안 모아 두었던 돈은 물론이고 장인의 우체국 퇴직금도 다 써버렸다. 기무라 씨에게는 초등학교 4학년생인 큰딸을 비롯해 딸 둘이 더 있었다. 장인 장모까지 합한 일곱 식구가 궁핍의 바닥까지 내몰렸다.

자랑거리였던 영국제 트랙터는 물론 자가용과 사과 수송용으로 쓰던 2톤 트럭까지 팔아 치웠다. 내야 할 세금이 밀려 사과나무에 빨간 딱지가 붙은 일도 한두 번이 아니었다. 그때마다 필사적으로 돈을 긁어모아 가까스로 경매는 철회시켰다. 은행에서 돈을 빌리는 것도 모자라 소비자 금융까지 손을 뻗었고, 본가 부모님뿐만 아니라 친척에게까지 빚을 얻었다.

　전화는 이미 오래전에 끊어졌고, 꼭 필요한 전기와 수도 요금을 내기 위해 이리저리 돈을 구하러 뛰어다녔다. 건강 보험료를 못 내서 건강 보험증도 뺏겼다. 아이들의 교육비도 못 냈다. 딸들의 옷과 학용품조차 제대로 사줄 수 없었다. 구멍 난 양말에 천 조각을 대서 기워 신고, 몽당연필이 되어 손에 쥘 수 없으면 아내가 셀로판테이프로 두 자루를 이어서 쓰게 했다. 지우개는 하나를 세 개로 잘라서 나눠 주었다.

　그리 오래전 이야기가 아니다.

　1980년대 초, 에즈라 보겔Ezra Vogel이 쓴 《재팬 애즈 넘버원 Japan as No.1》이 베스트셀러가 되고, 일본 경제가 세계 모범이 된 시대의 일이다. 사과 가치도 높은 가격으로 안정되어 이와키마치 사람들의 생활도 풍요로워졌다. 자식들을 도쿄에 있는 대학이나 전문학교에 진학시키는 것도 드물지 않은 일이었고, 그 아이들이 해외로 졸업 여행을 떠나도 누구 한 사람 놀라지 않았다.

　때문에 종전 직후와 같은 기무라 집안의 형편은 다른 사람들 눈에는 비참하기보다 오히려 괴이하게 비쳤을지도 모른다.

　그런 궁핍한 생활을 하면서도 기무라 씨가 꽃도 피우지 않는 사과나무와 꾸준히 마주할 수 있었던 이유는 또 하나 있다.

　그는 논에서 벼농사를 짓고, 사과 밭 자투리에는 채소를 심었다. 모두 무농약 재배였다.

오이, 토마토, 감자, 피망, 가지, 호박, 멜론, 무……. 무농약으로 재배하지 못할 게 없었다. 쌀만 해도 농약이나 비료를 안 쓰고 1단보당 아홉 가마 남짓 수확할 수 있었다. 농약과 비료를 쓰는 일반 논에서도 1단보당 수확이 열 가마 정도였으니 큰 차이가 없었다.

사과 이외의 작물이라면 무농약 재배는 그리 어렵지 않았던 것이다.

"뭐, 그렇긴 해도 쌀을 무농약으로 한 첫해에는 1단보에 네 가마밖에 수확을 못 했지. 큰일이라고까지 생각하진 않았지만, 심각하긴 했어. 무농약으로 농사를 지으면 쌀은 확실히 좋았어. 맛도 있고. 그러나 수확이 적으면 생활해 나갈 수가 없잖아. 생활이 안 되면 자기만의 로망으로 끝나 버려. 사과도 안 되고, 쌀도 안 되면 세상에서 바보 취급 받을 게 뻔했지. 그래서 실험을 시작했어. 쌀도 1년에 한 번밖에 시험할 수 없잖아. 그 왜, 한 잔 용기에 담아서 파는 술이 있지. 술집에 가서 그 빈 잔을 잔뜩 얻어다 실험을 한 거야. 잔 2백 개 정도를 늘어놓고, 각각에 논흙을 담았지. 그러고 나서 흙을 어떻게 갈고, 써레질을 어떻게 하고, 어떤 조건을 만들어 주어야 벼의 성장이 좋아지는지를 비교한 거라."

그 '실험'에서는 벼가 아니라 같은 볏과인 피 종류를 썼다. 벼의 생장보다 잡초의 생장 속도가 훨씬 빠르기 때문이다. 유리잔에 피를 재배하면, 1년에 몇 번이고 실험을 반복할 수 있었다.

각각 생육 조건을 달리해서 키운 결과, 2백 개의 잔에 심었던 피의 생장에 극단적인 차이가 드러났다. 상식적으로는 정성 들여 흙을 갈아 주고, 진흙이 걸쭉한 단팥죽처럼 될 때까지 써레질을 하는 게 이상적이라고 여긴다. 그런데 막상 실험해 보니 피의 발육이 가장 좋았던 것은 그와는 정반대의 경작법을 쓴 컵이었다.

흙덩어리가 남아 있을 정도로 거칠게 갈고, 써레질도 적당히 두세 번 휘저어 준 쪽의 피가 더 잘 자란 것이다. 자신이 그때까지 믿어 왔던 것과는 정반대 결과였다. 한 번의 실험이 우연일 수도 있어 같은 실험을 세 번 되풀이했다. 그러나 몇 번을 해도 결과는 마찬가지였다.

이듬해부터 기무라 씨는 논의 경작 방식을 바꿨다. 농사짓는 사람이라면 상상할 수도 없을 만큼 거칠게 대충 갈았다.

"주위 농가에서 무슨 짓을 하느냐고 비웃었지. 논을 갈았다는데 논 한가운데 커다란 흙덩이가 잔뜩 있었으니까. 그 논에 물을 대고 써레질을 했어. 그것도 실험 결과대로 가볍게 뒤섞을 뿐이어서 금세 끝나 버렸지. 그런데 그 논에 모를 심었더니 깜짝 놀랄 정도로 벼가 잘 자랐어. 모심기가 끝난 직후에는 다른 논과 비교해 생육이 늦은 듯한 느낌이 있었지만, 7월 중순이 되자 벼가 빠르게 자라나기 시작했지. 벼를 뽑아 보니 뿌리가 빽빽이 나 있었어. 뿌리의 수數도 뿌리를 뻗은 모양도 평범하게 경작한 논의 벼와는 비교할 수 없을 정도로 훌륭했지. 아마 땅을 거칠게 가는 게 뿌리 뻗기가 편하기 때문이 아닐까. 모심기 직후에는 뿌리를 뻗는 데 힘을 쓰느라 위로는 크게 자라지 못했을 거야. 대신 땅속의 뿌리가 자리 잡은 후에는 땅 위의 잎이나 벼가 쑥쑥 자라나는 거지. 그 무렵에는 콤바인이 없어서 벼베기를 한 포기씩 했는데, 벼 한 포기를 한 손에 다 쥘 수 없을 정도로 풍성했거든. 수확은 1단보에 일곱 가마 남짓이었지. 지난해와 비교해 두 배 가까운 수확이었어. 똑같은 방법으로 다음 해에는 아홉 가마 조금 넘게 수확했어."

컵 실험을 계속하는 사이, 기무라 씨는 또 다른 사실도 발견했다. 피를 뿌리고 일주일쯤 지나 피가 싹을 틔울까 말까 할 무렵, 별 생각 없이 나무젓가락으로 컵을 찌른 일이 있었다. 한데 그 컵에서는 피가 싹을 틔우지 않았다. 틀림없이 나무젓가락이 피의 싹을 못 쓰게 만들었기 때문일 것이다.

그것을 본 기무라 씨는 독특한 제초법을 생각해 냈다. 모심기를 끝내고 일주일쯤 지나 모가 안정을 찾았을 때쯤 모 사이로 타이어체인을 끌고 걸어 다녔다. 그것을 일주일 간격으로 3, 4회 반복하는 것만으로도 논에선 잡초가 거의 자라지 않았다. 논에 제초제를 안 뿌리면 풀 뽑기라는 중노동이 기다린다. 그것이 바로 무농약 재배에 뜻을 둔 농가를 힘들게 하는 장벽 중 하나인데, 체인을 끌고 걸어 다니는 간단한 작업으로 그 벽을 무너뜨린 것이다. 이 방법이라면 고령자 농가에서도 무리 없이 제초제 사용을 끊을 수 있을 것이다.

세간에서는 무농약 재배가 일손도 많이 들고 고도의 농사 기술이 필요한 힘든 일이라 믿고 있다. 그러나 실제로 시작해 보니 꼭 그런 것만도 아니었다. 물론 농약을 쓰던 기존의 농업에서 무농약 재배로 이행한 직후는 문제가 생길 수도 있다. 그러나 침착하고 꾸준하게 작물을 관찰하면 문제를 해결할 방법은 반드시 나타났다.

그뿐만이 아니었다.

기무라 씨는 사과 밭에 서양배와 자두 같은 과일나무도 심었다. 그런 나무에도 농약을 안 뿌렸는데, 사과나무 같은 해충이나 병의 피해가 없었다. 서양배도 자두도 매년 맛있는 열매를 맺었다.

다른 작물들은 그렇게 간단히 할 수 있었다. 사과만 불가능할 까닭이 없었다.

지금은 해충과 병의 위협을 받고 있지만, 자기라면 언젠가는 반드시 그 문제를 해결하고 사과나무가 열매 맺게 할 방법을 찾아낼 수 있을 것이다.

그것이 어느새 기무라 씨의 신념이 되어 있었다.

어떤 의미에서 보면 그 신념이야말로 기무라 씨에게는 최대의 장애였다.

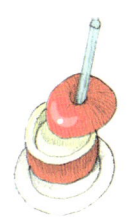

'파산자'라는 별명

 4년의 세월이 지나고, 5년째로 접어들어도 사과 밭은 계속 악화되기만 했다.
 사과가 안 열리는 밭을 기무라 씨 부부와 장인 장모, 이렇게 네 사람이 5년 동안 하루도 안 거르고 아침부터 밤까지 보살펴 온 것이다. 주위에서 그 모습을 지켜본 사람들은 하나같이 미친 짓이라고 말했다.
 기무라 씨는 밝고 쾌활한 성격이라 친구가 많았다. 그들도 처음에는 기무라 씨를 걱정했다. 같은 농가였기 때문에 기무라 씨의 밭이 심상치 않다는 건 잘 알고 있었다. 아무리 생각해도 기무라 씨가 잘못된 방향으로 나아가는 게 틀림없었다.
 "이젠 무농약 재배가 무리라는 걸 알 때도 됐잖아. 적당히 하고 정신 차려."

"부인과 아이들 생각도 해야 할 것 아닌가."

따끔한 말로 충고하는 것도 친구를 위해서였다.

그러나 진심에서 우러나온 충고를 해도 기무라 씨는 완고하게 고개를 가로저었다. 신념이 강하다고 하면 듣기야 좋겠지만, 아무런 결과도 못 내면서 신념에만 매달려 가족들을 빈궁의 나락으로 떨어뜨리는 상황이었다. 다른 사람들 눈에는 옹고집일 뿐이었다. 친구들은 진정으로 해주는 충고에 귀 기울이지 않는 기무라 씨에게 화가 나다 못해 정나미가 떨어졌다. 충고를 해줄 생각이었는데, 말다툼이 되고, 끝내 격한 싸움으로 번지는 일도 있었다. 결국 친구들은 하나둘 떠나고, 어느새 기무라 씨의 편을 들어주는 농가는 하나도 없었다.

길을 지나다 누군가를 만나 인사하면 모른 척하는 일도 많아졌다.

하지만 상대방 잘못만은 아니다. 모르긴 해도 당시 기무라 씨의 표정도 험악했을 게 틀림없다. 늘 고개를 숙인 채 걸어 다녔고, 쓴 음식이라도 삼킨 것처럼 미간에는 잔뜩 주름이 잡혀 있었을 것이다. 그런 사람이 맞은편에서 걸어오면 누구라도 시선을 피하게 마련이다.

기무라 씨가 쓰가루 사부리로 파산을 의미하는 '가마도케시'라는 최악의 별명으로 불리게 된 것도 그 무렵이다.

이유야 어떻든 간에 자업자득이었다. 가족을 지켜야 할 가장이 한 가정을 빈궁으로 내몬 것은 사실이었다. 기무라 씨로서는 받아칠 말이 없었다.

"저 녀석은 머리가 이상해졌어."

"우리까지 바보가 될지 모르니 가까이하지 말자고."

사람들이 뒤에서 험담하는 걸 알았기 때문에 기무라 씨도 자연히 남의 눈을 피해 살아가게 되었다. 길에서 사람들과 마주치지 않기 위해 날이 밝기도 전에 밭으로 나갔고, 날이 저물어 밭에서 인적이 사라진 것을 확인한 후에야 집으로 돌아왔다.

기무라 씨의 집에서 이와키 산기슭의 사과 밭까지는 도보로 두 시간 가까이 걸린다. 차도 트랙터도 다 팔아 치웠다. 엔진이 달린 거라곤 고물상에서 천 엔에 산 모터 달린 자전거와 2천 엔에 산 트랙터뿐이었다. 고장 나서 멈춘 것들을 사다 엔진을 수리해 사용하는 것이었다. 탈탈거리는 모터 자전거와 트랙터는 아내와 연로하신 부모님이 쓰도록 했다. 사과 밭까지 왕복 네 시간이 걸리는 어두운 길을 기무라 씨는 매일같이 걸어 다녔다.

그래도 사람들의 차가운 시선을 받는 것보다는 마음이 편했다. 아무도 없는 무인도에 가서 사과 재배에만 몰두할 수 있다면 얼마나 좋을까. 사람들의 이목을 신경 쓰는 것에 비하면 병이나 해충 때문에 고민하는 것쯤은 아무 일도 아니라는 생각까지 들었다.

작은 공동체에서 일어난 이야기다. 기무라 씨가 하는 일과 그 결과로 벌어진 한 가정의 곤궁에 관해 누구 하나 모르는 사람이 없었다. 동네 집단 따돌림이라는 말까진 쓰지 않았지만, 이 시기의 기무라 씨 집은 그와 비슷한 취급을 받았다. 이웃 사람들은 물론이고, 친척들의 경조사 초대까지 뚝 끊어졌다.

그것도 농가의 심정을 헤아리면 어쩔 수 없는 일이었다.

시골에선 사람의 손길이 끊어진 사과 밭을 '방치원放置園'이라 부른다. "저긴 방치원이야"라는 이야기를 나눌 때, 사과 농가 사람들은 목소리를 낮춘다. 그 말에는 뭔가 부도덕한 짓을 한 사람을 비난하는 울림이 깃들어 있다. 방치된 밭은 병이나 해충의 발생원이 될 수도 있기 때문이다. 사과나무 손질을 게을리 한다는 것은 일종의 악덕이었다.

아오모리 현에는 현의 조례가 있어, 병충해 대책을 게을리 하는 사과 밭 주인에게는 범칙금이 부과된다. 5년간 농약을 안 쓴 기무라 씨의 밭은 방치원보다 더 황폐화되었지만, 어느 누구도 기무라 씨에게 조례 위반이라고 말하지 못했다. 하루도 안 거르고 아침부터 밤늦게까지 밭에서 벌레를 잡았기 때문이다. 효과는 전혀 없을 것 같지만, 사과나무에 자주 소주나 식초를 뿌려 주기도 했다. 게다가 매달 한 번씩 풀을 깎아 줬기 때문에 잡초도 없었다.

병충해 대책에 태만한 건 아니었다. 다만 그것이 효력이 없을 뿐이었다. 하지만 그것이 너 큰 문제였다. 조례 위반이 안 되기 때문에 상황은 더더욱 안 좋았다. 법적으로는 걸고 넘어갈 수가 없었다.

아무리 농약을 써도 사과 재배는 병이나 해충의 피해와 무관할 수 없다. 농약 자체가 진보하고, 그에 대한 사용이 철저해진 오늘날에도 농가들은 여전히 병과 해충을 두려워한다. 병충해를 근절하기 위한 집단 방제는 농약 사용이 일반화된 후로 오늘에 이르기까지 매년 이루어지고 있다. 기무라 씨가 하는 일은 사과 농가의 그런 노력에 등을 돌리는 행위로 여겼다.

그것이 과일나무를 무농약으로 재배하는 또 하나의 어려움이었다. 농약을 쓰지 않는 것이 지역 공동체 안에서 주위 사람들과의 갈등을 낳은 것이다.

무농약으로 사과를 재배하는 일이 기무라 씨에게는 꿈일지 몰라도 다른 농가에는 미친 짓일 뿐이었다. 다른 농가에서 볼 때 기무라 씨는 혼자 환상에 사로잡혀 밭을 병과 해충의 소굴로 만들 뿐 아니라, 주위 사과 밭까지 위험에 노출시키는 사람이었다. 사과 밭을 방치하는 이유는 한 가정의 가장이 병으로 쓰러졌다거나 경영에 실패했다거나 대부분 그 나름의 사정이 있다. 그러나 기무라 씨는 동정의 여지가 없는 위험인물이었다. 험담은 그나마 나은 편이고, 기무라 씨에게 증오 비슷한 감정을 품는 사람이 있다 해도 전혀 이상한 일이 아니었다.

그것은 지극히 평범한 인간의 지극히 당연한 반응일지도 모른다. 다른 사람도 아닌, 기무라 씨 자신도 흔들리고 있었기 때문이다. 남들 앞에서는 고집 세고 완고한 그도 혼자가 되면 자문자답을 되풀이했다. 아니, 그것은 자문자답 정도의 간단한 문제가 아니었다.

아버지의 꿈이 가족의 꿈이 되다

아내 미치코 씨는 한밤중에 잠자리에서 빠져나가는 기무라 씨의 모습을 봤다. 몽유병에라도 걸린 것처럼 현관 밖으로 나가 마당 끝에 있는 창고로 들어갔다. 휑뎅그렁한 창고에는 수확한 사과를 담는 나무 상자만 가지런히 쌓여 있을 뿐이었는데, 이미 몇 년째 그대로였다. 몰래 창고 안을 들여다보니, 남편은 그 사과 상자 위에 꼼짝 않고 앉아서 눈을 감고 있었다.

새벽이 될 때까지 그냥 앉아 있을 때도 많았다. 뭘 하는지는 알 수 없지만, 남편이 말할 수 없는 고민에 빠져 있다는 것만은 확실했다.

최근 몇 년간 몰두해 온 일을 포기하게 하고 싶진 않았다. 한번 말을 내뱉으면 절대로 뜻을 굽히지 않는 사람이었다. 누가 뭐라고 하든 그만둘 리 없다. 본인이 그만두지 않는 한, 계속해 나갈 수밖에 없다고 생각했다.

한 가정의 단란함 따위는 잊은 지 오래였다. 남편의 신경은 늘 곤두서 있었다. 가족과 함께 있을 때도 마음은 그곳에 없었다. 항상 다른 생각에 빠져 있었고, 식사 중에도 거의 말을 하지 않았다. 입을 열 때는 누군가를 야단칠 때뿐이었다. 어떤 행동이 남편의 심기를 건드리는지 아무도 알지 못했다. 되도록 자극하지 않으려고 종기 다루듯 대할 수밖에 없었다. 어린 딸들도 어리광을 부리려 하지 않았다.

가족 모두 가장의 낯빛만 살피며 살아갔다.

아직 자가용을 팔기 전 이야기인데, 남편이 큰맘 먹고 가족 여행을 나선 적이 딱 한 번 있었다. 딸들은 조금도 즐거워 보이지 않았다. 언제 폭발할지 모르는 아버지와 가족 여행을 해본들 어떤 결과가 나올지 뻔하기 때문이다.

점심때가 되자, 남편은 국숫집 앞에 차를 세웠다. 메뉴판을 건네며 먹고 싶은 대로 시키라고 했지만, 외식 같은 걸 해본 적이 없는 딸들은 머뭇거렸다. 마침내 큰딸이 낯익은 메뉴를 발견하고 점원에게 주문했다.

"카레라이스 주세요."

그 한마디에 남편의 기분이 상했다.

"국숫집에서 그런 걸 주문하는 놈이 어딨어!"

딸은 순간 어안이 벙벙한 표정을 지었다. 왜 화를 내는지 모르겠다는 얼굴이었다. 남편은 모처럼 들른 국숫집이니 맛있는 국수를 먹이고 싶었을지도 모른다. 그러나 자신의 그런 마음을 설명해 주지 않으면 아이에게는 전달되지 않는다. 덮어놓고 야단만 치면 아이는 이유도 모른 채 상처만 입을 뿐이다.

남편은 그런 배려를 할 여유조차 잃어버린 것이다. 사과나무 생각만으로도 힘에 부쳤다.

이후 분위기는 말할 수 없이 엉망이 되었고, 분명 그날은 점심만 먹고 이내 집으로 돌아왔을 것이다. 돌아오던 길에 대한 기억은 전혀 남아 있지 않다. 아마도 모두가 입을 굳게 다물고 차에 앉아 있기만 했을 것이다.

그런 남편을 미워하거나 불만을 가진 일은 한 번도 없었다.

남편의 혼란은 가족을 생각하는 마음 때문이라는 걸 잘 알고 있었다.

혈혈단신으로 사과나무와 마주 섰다면, 그렇게 기분 상할 일도 없었을 것이다. 믿기 어려울 정도로 욕심 없는 사람이었다. 먹을 것이 없어도 옷이 없어도 자기 일이라면 아무 물만 없었고, 마음을 어지럽히는 일도 없었다. 아무리 어려워도 얼굴에 미소를 잃지 않고 자신의 꿈을 좇았을 것이다.

남편이 초조해하는 이유는 가족 때문이었다.

가난하게 만들어서 미안하다는 말 한마디 없었지만, 그 누구보다 괴로워하는 사람이 바로 남편이었다. 딸들에게 새 옷은커녕 학용품도 제대로 못 사주는 상황, 딸들에게 다른 사람들이 누리는 행복을 안겨 주지 못하는 상황이 남편의 심기를 언짢게 만든 원인이었다.

그 언짢음 때문에 집 안 분위기는 날로 어두워지고, 아이들은 점점 위축되어 갔다.

사실 아이들은 궁핍한 생활을 별로 괴로워하지 않았다. 학교에서 비참한 일을 당하는 것보다 어찌해 볼 수 없는 아버지의 언짢은 심기로 인해 아이들 마음에 드리우는 그림자가 훨씬 짙고 무거웠다. 돈이 없어도 좋다. 모두가 웃으며 생활할 수만 있다면 그것만으로도 지금보다 훨씬 행복할 수 있다. 모두가 그런 마음이었지만, 기무라 씨만 그 마음을 알아채지 못했다.

결국 가족에 대한 기무라 씨의 죄책감이 거꾸로 가족을 더 괴롭힌 셈이었다.

서글픈 딜레마였지만, 그 누구도 해결할 수 없는 일이었다.

그나마 한 가지 희망이 있다면, 그 와중에도 가족이 뿔뿔이 흩어지지 않았다는 것이다. 어느 날 남편이 웬일로 사과 밭에서 마음 약한 소리를 한 적이 있다.

"이제 포기해야 할까."

물론 진심이 아니란 건 잘 알고 있었다. 그렇지만 아버지도 고통받고 있다는 걸 알려 주고 싶어서 아이들에게 그 이야기를 하자, 큰딸이 예상치도 못한 반응을 보였다.

평소에는 늘 어른스럽고 조용한 아이가 낯빛을 바꾸며 버럭 화를 냈던 것이다.

"그건 말도 안 돼! 우리가 뭣 때문에 이렇게 가난하게 사는데!"

아버지의 꿈은 어느새 딸의 꿈이 되어 있었다.

그런 말을 남편에게 하지 않았다. 딸이 아이 나름대로 자기를 이해한다는 걸 알고, 그것을 격려로 받아들일 수 있는 단계는 이미 오래전에 지나가 버렸기 때문이다. 지금의 남편에게는 초등학생 딸의 기대조차 무거운 짐일 뿐이다.

남편은 궁지에 몰렸다.

무농약으로 사과를 기른다. 그것은 고매한 꿈이지만, 성공이냐 실패냐로 따졌을 때는 분명한 실패였다. 벌써 몇 년 동안이나 꽃도 피지 않았다. 사과나무 몇 그루는 이미 말라 죽어 가기 시작했다. 모든 나무가 말라 죽는 것도 시간문제였다.

남편에게는 그것을 멈추게 할 수단이 아무것도 남아 있지 않은 듯했다. 처음에는 여러 가지 수단을 시도해 봤지만, 최근에는 그러한 수단조차 다 써버렸는지 새로운 시도도 거의 하지 않았다. 매일 밭에 나가 벌레를 잡고 진흙이나 식초를 뿌렸지만, 사과나무는 점점 쇠약해져 갈 뿐이었다. 차라리 모든 걸 포기해 버리면 얼마나 편할까.

하지만 그렇게 할 수 있는 상황이라면 그토록 괴로워할 까닭도 없다.

막다른 곳에 다다르지 않는 한, 남편이 포기할 리는 없다. 여자의 본능으로 그것만은 확실하게 알 수 있었다.

그 막다른 곳이란 어떤 곳일까. 그 생각은 하지 않기로 했다. 왠지 무서운 것이 기다리고 있는 듯한 느낌이 들었기 때문이다. 아무리 무서워도 그곳까지 꼭 가야만 한다면, 그런 생각을 하는 건 아무 소용 없는 짓이었다.

자신이 할 수 있는 일은 그곳이 어디든 남편을 따라가는 것뿐이다. 그래 보았자 한밤중에 잠자리를 빠져나가는 남편의 뒤를 따라가 이렇게 몰래 바라보는 것 정도지만 말이다. 남편은 사과 상자에 쪼그려 앉아 매일 밤 괴로워했다. 미치코 씨는 그 괴로운 모습을 자기가 알고 있다는 것조차 남편에게 알리고 싶지 않았다.

출구가 보이지 않는 선택

기무라 씨는 자기 머리가 어떻게 되어 버린 게 아닌가 하는 생각이 들었다. 마치 뇌가 절반으로 나뉜 것 같았다. 머릿속에서는 또 다른 자신이 "이젠 그만 포기해"라고 외쳤다.

밤에 잠을 자는데도 그 소리가 흔들어 깨웠다. 정신을 차려 보면 잠자리에서 벗어나 창고 안 사과 상자 위에 쭈그려 앉아 있었다.

그렇게 정확히 반으로 갈린 마음끼리 벌이는 싸움을 지켜보았다.

반드시 된다고 말하는 자신과, 절대 안 된다고 말하는 자신.

어느 쪽이 천사의 목소리고, 어느 쪽 목소리가 악마일까.

답을 내지 못한 채, 뭔가에 매달리듯 무농약을 고집해 왔다. 그것은 이미 어느 쪽이 맞냐 그르냐의 문제가 아니었다.

무농약 재배를 고집하면 할수록 생활은 더욱더 힘들어지고 사람들의 비난도 거세졌다. 아홉 가마 정도 수확을 올렸던 논도 빚 때문에 결국 넘겨줘야 했다. 그 바람에 생활은 점점 더 궁핍해졌다. 사과 밭에 밭벼를 심어 봤지만, 수확은 얼마 되지 않았다. 쌀도 만족스럽게 먹을 수 없었다.

사과 밭에서 기른 채소를 시장에 내다 판 돈으로 쌀을 샀다. 농촌 지역 쌀가게는 5킬로그램 단위로만 쌀을 팔았다. 때문에 아내 미치코 씨는 천 엔짜리 지폐를 움켜쥐고 쌀 자동판매기를 오갔다. 그 기계로는 쌀을 1킬로그램씩 살 수 있었기 때문이다.

일곱 식구가 먹으니 쌀 1킬로그램은 눈 깜짝할 새 사라져 버렸다. 그래서 죽을 쑤어 아껴 먹었다.

그 죽조차 기무라 씨나 그의 아내는 거의 입에 대지 않았다. 한창 자라나는 아이들에게 먹이기 위해서다. 배를 채우기 위해 된장국만 몇 그릇씩 마셨다. 사과 밭에서 기른 채소는 팔 만한 것은 모조리 내다 팔았기 때문에 된장국 재료는 시장에 내놓을 수 없는 찌꺼기 정도였다. 그것만으로는 모자라서 밭에 난 잡초를 재료로 썼다. 대부분의 잡초는 질겨서 먹기 힘들지만, 삶으면 그나마 먹을 만한 것이 더러 있었다.

"농사일을 못하는 겨울에는 도쿄로 돈을 벌러 갔어. 전에 근무했던 가와사키 회사 근처에 공원이 있었는데, 그곳에 일용직 노동자가 모인다는 걸 알고 있었으니까. 거기서 한동안 생활했지. 숙소를 빌릴 돈이 없으니 공원에서 노숙할 수밖에. 혹시라도 아는 회사 사람 눈에 띌까 봐 수건으로 얼굴을 감쌌지. 아침이 되면 사람들을 모으는 트럭이 왔어. 그 차를 타고 가서 항구에서 뱃짐 부리는 일 같은 걸 하는 거야. 받은 돈은 지갑에 넣어서 베개 삼아 베고 자는데, 아침에 눈을 뜨면 감쪽같이 사라져 버리는 일도 있었지. 그 후로는 팬티에 주머니를 달고 그 속에 넣었지. 팬티는 한 달이고 두 달이고 계속 입었어. 목욕도 안 했으니 머리고 수염이고 멋대로 자랐고……. 봄이 되어 아오모리로 돌아갈 무렵에는 냄새가 말도 못했을 거야. 댐 공사 현장에서 일한 적도 있고, 간다神田(도쿄의 고서점 거리)에서 종이 상자를 모은 적도 있어. 같이 일하는 사람 중에는 쓰레기를 뒤져서 먹을 걸 찾는 사람도 있었지. 난 도저히 그건 할 수 없었지만, 말은 돈벌이라도 부랑자나 다름없는 생활이었지. 세상은 거품이니 뭐니 시끄러웠지만, 나와는 아무 관계도 없었어. 그렇게 죽어라 일을 해도 변변한 돈벌이도 안 됐지."

장인은 집안 살림에 조금이라도 보탬이 될까 싶어 산에 가서 호장근 줄기를 따왔다.

줄기를 가르면 계곡 낚시 미끼로 쓰는 박쥐나방의 애벌레가 서식할 때가 있다. 그것을 낚시 가게에서 사주었다. 장인은 푼돈이라도 벌기 위해 그런 부업까지 했다. "그런 사위는 내쫓아 버려"라고 말하는 친척들 앞에서 방패가 되어 기무라 씨를 끝까지 감싸 준 사람도 장인이었다. 딸과 손자들을 처참한 궁지에 몰아넣었는데도 장인은 단 한 번도 기무라 씨에게 무농약 재배를 포기하라고 말한 적이 없었다.

밭에 가려고 새벽에 나오면 현관 앞에 쌀과 된장이 놓여 있을 때가 있었다. 아마도 본가 어머니가 밤중에 몰래 두고 갔을 것이다.

본가와는 거의 연락을 끊고 살았다. 기무라 씨가 찾아가도 문을 잠그고 없는 척했다. 무농약 재배를 그 누구보다 강력하게 반대했던 사람이 본가 부모님이었다. 사위로 보낸 아들이 기무라 집안을 엉망으로 만들어 버렸기 때문이다. 어머니는 기무라 집안 쪽 사람들에게 차마 고개를 들 수 없다며 울었다. 아버지는 얼굴을 마주할 때마다 아들을 다그쳤지만, 쇠귀에 경 읽기였다. 본가 부모로서는 그런 아들과 의절하는 것만이 그나마 성의를 보이는 유일한 방법이었을 것이다. 그러면서도 아들의 처지를 염려해 몰래 쌀을 가져다주는 게 부모의 마음이다.

어두운 밤길에 쌀과 된장 보따리를 들고 터벅터벅 걸어왔을 어머니의 마음을 생각하면 가슴을 쥐어뜯고 싶을 지경이었다.

내가 대체 뭘 하고 있는 걸까. 무엇 때문에 이 일을 계속하는가.

돌이켜 보면 애당초 확신 같은 건 하나도 없었다.

그저 불확실한 예감이 있었을 뿐이다.

농약을 안 쓰고도 사과를 맺을 방법은 반드시 있을 것이다.

5년 전, 그 일을 시작했을 때는 개밥바라기처럼 반짝였던 예감도 이제는 태풍 치는 밤에 구름 사이에서 아주 잠깐 얼굴을 내비치는 작은 별처럼 흐릿했다. 아니, 그것은 보인 것 같았을 뿐, 단순한 착각이었는지도 모른다.

그 착각 때문에 자기 한 사람만 아니라 아내와 아이들까지 휘둘릴지 모른다는 생각이 들자, 초조한 마음에 눈앞이 캄캄해졌다.

조각배에 가족 일곱 명을 태우고 태평양 한가운데로 나선 느낌이었다. 모두 자기를 믿고 따르지만, 정작 자기는 어느 방향으로 진로를 잡아야 할지 막막하기만 했다. 육지가 나올 기척은 그 어디에도 보이지 않았다.

생각이 떠오르는 대로 온갖 시도를 다 해봤다. 하지만 무엇 하나 좋은 결과가 나오지 않았다. 그리고 이제는 아무 생각도 떠오르지 않았다. 백약이 무효라는 말은 바로 이런 상황을 가리키는 말일 것이다.

온몸이 서서히 마비되는 듯한 초조함에 사로잡혔다. 뭐든 해야 할 것 같은 마음에 불안했지만, 도대체 뭘 해야 할지 막막하기만 했다. 아니, 실은 뭘 해도 소용이 없었다. 사과 상자 위에 쭈그려 앉아 제아무리 골똘히 생각해 본들 거기서 빠져나갈 길을 찾아낼 방법이 없다는 건 잘 알고 있었다. 대답은 이미 나와 있었다.

사과 무농약 재배에 실패한 것이다.

무엇보다 확실한 증거는 사과나무가 점점 말라 죽어 가는 것이다. 한시라도 빨리 농약을 써야 한다.

이성은 그렇게 말하지만, 기무라 씨 안의 누군가가 완고하게 그 말을 거부했다.

한줄기 희망도 보이지 않았다. 캄캄한 암흑 속에 고립되었고, 주위는 절망의 높은 벽으로 둘러싸여 있었다.

5년이라는 세월 동안 빼도 박도 못하는 진퇴양난에 놓인 것이다.

모든 걸 포기하고 농약을 쓴다. 그 길만이 유일한 출구라는 것은 굳이 다른 사람의 말을 듣지 않아도 기무라 씨 자신이 누구보다 잘 알고 있었다.

그런데도 그 출구를 선택할 마음이 도무지 생기지 않았다.

모든 꿈과 희망이 완전히 사라진 지금에 와서도 포기할 수 없다면 대관절 어쩌겠다는 말인가. 나는 왜 포기할 수 없는가.

하늘이 희부예질 때까지 사과 상자에 앉아 생각에 생각을 거듭해도 답은 나오지 않았다.

답이 없는 문제의 답을 끊임없이 생각하는 것. 임제종 수도승에게 그것은 잡념에 사로잡히지 않고 마음을 단련하는 중요한 수행 중 하나다. 그들은 그것을 공안公案이라 부른다.

사과는 기무라 씨의 공안이었다.

기무라 씨는 몇 년 동안이나 사과나무 앞에서 좌선을 한 거나 마찬가지였다.

하지만 그가 설령 그것으로 깨달음을 얻는다 해도 사과가 안 열리면 아무 의미도 없다. 그런 의미에서 보면 기무라 씨는 선승보다 더 혹독한 수행을 했다고 말할 수 있을지 모른다.

그러는 사이 환각까지 보이기 시작했다.

사과나무 손질에 꼭 필요한 삼각대라는 게 있다. 높은 가지에 있는 해충을 잡으며 그 위에 앉아 있다가도 무심코 생각에 잠겼다. 생각에 빠져 삼각대 위에서 아래를 내려다보면, 땅이 너무나 멀어 보였다. 마치 바닥이 보이지 않는 낭떠러지 끝자락에 앉아 있는 것 같다는 생각을 하며 바라보고 있으면 어느새 지면이 쩍 갈라져 깊은 균열이 나 있었다. 환상이란 걸 알면서도 그 균열에서 눈을 뗄 수 없었다.

그것은 지구 중심까지 가 닿을 것 같은 깊고 깊은 대지의 금이었다. 그 금 밑바닥으로 끝도 없이 추락하는 자기 모습이 보였다.

무섭지는 않았다. 바다 속에 잠겨 일본 해구(일본 열도의 태평양 쪽 난바다에 있는 해구)를 들여다보면 그렇게 보일 것 같다는 생각이 들었다. 퍼뜩 정신을 차리고 주위를 둘러보면, 뜨겁게 내리쬐는 태양빛 아래 병과 해충으로 황폐해진 사과 밭이 펼쳐져 있었다.

현실의 풍경이 훨씬 더 절망적이었다.

5

사과나무에게 말을 건네다

그때는 사과나무에게 부탁을 하며 다녔지.
사과나무가 점점 약해졌으니까. 아마 뿌리까지 못 쓰게 되었을 거야.
살짝 밀기만 해도 나무가 흔들흔들했거든. 그런 상태라면 이내 말라서 죽어 버릴 것 같았지.
사과나무 한 그루 한 그루를 돌며 고개를 숙이고 사과했어.
"힘들게 해서 미안합니다. 꽃을 안 피워도, 열매를 안 맺어도 좋으니
제발 죽지만 말아 주세요"라고 사과나무에게 말을 건넸어.
그때는 뭘 해야 좋을지 막막했으니까.
사실은 더 이상 할 수 있는 일이 없어서 사과나무에게 애원할 수밖에 없었던 거야.

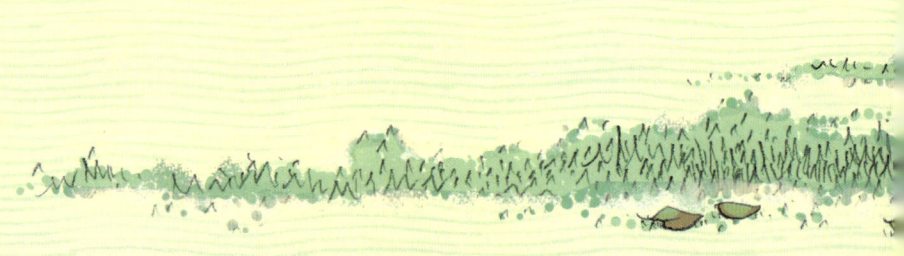

벌레 잡기와 식초 뿌리기

모든 밭을 무농약으로 바꾼 지 6년째, 1985년 봄이 지나고 계절은 여름으로 넘어가고 있었다. 기무라 씨는 변함없이 날이 밝기 전부터 해가 질 때까지 밭에서 지냈다.

아내와 식구들이 밭에 와 있는 동안은 기무라 씨의 행동도 평소와 다름없이 비닐봉지를 손목에 걸고 묵묵히 벌레를 잡거나 식초를 뿌렸다.

그 무렵, 사과나무에 뿌리는 것은 거의 식초뿐이었다.

온갖 식품을 시험해 본 결과, 적어도 뭔가 효과 있어 보이는 건 식초였다. 사과 열매나 잎을 위협하는 검은별무늿병이라는 것이 있다. 그 병의 정체는 일종의 곰팡이다. 검은 솜털처럼 생긴 그 곰팡이가 붙은 잎을 한 장 따서 식초를 뿌렸다. 아직은 다소 여유가 있던 무렵, 아이들에게 사준 학습 잡지의 사은품으로 딸려 온 장난감 현미경으로 관찰해 보니 식초의 기운에 눌려 그 곰팡이가 성장을 멈춘 일이 있었기 때문이다.

그렇긴 하지만 실제로 밭에 뿌린 결과는 그리 만족스럽지 않았다. 물을 섞어 3백 배에서 5백 배로 희석시켜 뿌리지만, 농도가 짙으면 식초 때문에 사과 잎이 오히려 변색한다. 농도를 낮춰서 쓸 수밖에 없는데, 그러면 효과가 거의 없었다. 게다가 골칫거리인 반점낙엽병은 여전히 맹위를 떨치는 터라 효과가 있는지 없는지조차 알 수 없었다. 때문에 식초를 뿌리는 것도 어찌 보면 일시적인 위안에 지나지 않았다.

그 식초를 살 돈도 떨어지면, 시트르산을 썼다. 포도 주스를 만드는 공장에 찾아가면 공짜로 줬기 때문이다.

식초로도 잘되지 않았다. 고생해서 시트르산을 얻어 와 물에 섞어 뿌려도 사과나무는 점점 약해져 갈 뿐이었다. 일시적인 위안이라기보다 아무것도 안 뿌리는 상황을 견딜 수 없었다고 말하는 편이 실상에 가까울지도 모른다.

그래도 가족과 함께 벌레를 잡거니 식초를 뿌리는 모습은 그나마 이해가 갔다. 효과는 크게 없을지 몰라도 어떻게든 사과나무를 지키려고 애쓰는 모습이기 때문이다. 그런데 저녁때가 되어 가족들이 모두 돌아간 후 밭에 혼자 남은 기무라 씨의 모습은 아무리 봐도 이상했다.

깜박 잃고 간 물건을 찾으러 밭으로 다시 돌아온 아내가 우연히 그 모습을 보았다.

기무라 씨가 사과나무 옆에서 누군가와 얘기를 나누고 있었다.

저녁 어스름 사이로 한참을 바라봤지만 그곳에는 아무도 없었다. 밭에 있는 사람은 기무라 씨 혼자였다.

그런데 분명 누군가와 대화를 나누고 있었다. 거리가 멀어서 무슨 얘기를 하는지 잘 들리지 않았지만, 이따금 바람결을 타고 기무라 씨의 목소리가 흘러왔다. 사과하는 듯한, 애원하는 듯한 목소리였다.

한참이 지나자, 마치 인사하듯 나무줄기를 어루만지더니 옆에 있는 나무로 옮겨 갔다. 그곳에서도 또다시 같은 어조로 이야기를 시작했다. 이야기를 하면서 높은 가지를 올려다보기도 하고, 벌레 먹은 잎을 보드랍게 쓰다듬기도 했다.

아무래도 기무라 씨가 말을 건네는 상대는 사과나무인 듯싶었다. 마치 사람과 얘기를 나누듯 천천히 밭을 돌며 나무 한 그루 한 그루마다 말을 건넸다.

결국 남편의 머리가 이상해진 게 아닐까. 그런 생각이 들 만도 한 상황이었지만, 기무라 씨의 모습이 너무나 자연스러워서 그때는 전혀 그런 생각이 안 들었다. 아니, 오히려 사과나무와 얘기를 나누는 농부가 한 사람쯤 있어도 괜찮다는 생각까지 들었다.

한 가지 마음에 걸리는 것은 기무라 씨가 사과나무와 무슨 얘기를 나누는가였다. 가까이 다가가서 들어 보고 싶은 충동이 일었지만, 가까스로 마음을 다잡았다.

그랬다간 소중한 무언가가 무너져 버릴 것 같은 예감이 들었기 때문이다.

"그때는 사과나무에게 부탁을 하며 다녔지. 사과나무가 점점 약해졌으니까. 아마 뿌리까지 못 쓰게 되었을 거야. 살짝 밀기만 해도 나무가 흔들흔들했거든. 그런 상태라면 이내 말라서 죽어 버릴 것 같았지. 사과나무 한 그루 한 그루를 돌며 고개를 숙이고 사과했어. '힘들게 해서 미안합니다. 꽃을 안 피워도, 열매를 안 맺어도 좋으니 제발 죽지만 말아 주세요.'라고 사과나무에게 말을 건넸어. 그때는 뭘 해야 좋을지 막막했으니까. 차마 가족에게는 그런 말을 할 수 없어서 변함없이 밭일은 계속했지만 말이야. 사실은 더 이상 할 수 있는 일이 없어서 사과나무에게 애원할 수밖에 없었던 거야. 주위 밭에서 다른 사람이 봤으면, 기무라가 결국 머리까지 이상해졌다고 했겠지. 그렇지만 말이야, 지금 생각해 보면 그 무렵의 내가 가장 순수했던 것 같아."

사과나무가 들려주는 소리

지금도 기무라 씨는 사과 밭에 있을 때, 사과나무에게 말을 건넨다. 취재할 때도 "아냐, 내가 아니라 사과나무가 힘낸 거야"라는 말을 자주 한다. 그것은 겸손이라기보다 곁에서 듣고 있는 사과나무를 격려하는 말투다.

"장하다, 장해."

"정말 대단해."

이상한 말처럼 들릴지 몰라도 눈을 가늘게 뜬 채 미소를 머금고 사과나무에게 말을 건네는 그의 모습을 바라보고 있노라면 정말 마음이 통하는 것 같다.

그러고 보니 바람도 없는데 가지가 흔들리며 잎이 살랑거리는 게 아닌가.

'안 돼, 이건 위험해' 하며 얼른 시선을 돌린다. 물론 그건 기분 탓이다.

다만 한 가지 틀림없는 사실이라 생각되는 일이 있다.

그것은 그가 진심으로 사과나무와 얘기를 나누고 있다는 것이다.

자기 힘으로는 어쩔 수 없다는 걸 깨달았을 때, 그는 처음으로 진정한 의미에서 사과나무와 마주할 수 있었다.

기무라 씨가 사과나무에게 말을 건네는 것은 진심으로 사과나무에게 감사하기 때문이다. 상대가 듣느냐 안 듣느냐는 문제가 안 된다. 사과나무는 사과라는 과일을 생산하는 기계가 아니다. 사과나무도 이 세상에 목숨을 받아 태어난 하나의 생명이다. 당연한 말이겠지만, 진심으로 그렇게 생각하는 것은 또 다른 차원의 이야기다. 그는 그러한 사실을 누구보다 잘 알고 있었다. 때문에 사과에게 말을 건넨다. 기무라 씨는 사람이라는 생물의 한 종種으로서 사과라는 생물과 마주 섰다.

겉치레가 아니라, 수없는 실패와 끝없는 헛수고를 되풀이한 끝에 마침내 그것이 보이는 장소에 도달한 것이다.

그리고 그는 황폐하기 이를 데 없는 밭을 둘러보면서 깜짝 놀랐다. 자신이 뭔가 할 수 있다고 생각했을 때는 보이지 않던 것이 확실하게 보였다. 기무라 씨의 네 군데 밭에는 8백 그루의 사과나무가 있었다. 그 8백 그루의 사과나무가 굶주린 채 죽어 가고 있었다.

내가 대체 무슨 짓을 저지른 걸까. 그런 마음이 들었지만, 그가 할 수 있는 유일한 일은 사과나무에게 고개를 숙이는 것뿐이었다. 이제 열매는 안 맺어도 좋으니 부디 말라 죽지만 말아 달라, 살아남아 달라고 애원하는 것밖에 달리 할 수 있는 일이 없었다.

경험이나 지식이 아니라 자신의 살아 있는 몸과 마음을 다해 사과나무와 마주 선 것이다.

그래서 기무라 씨는 그때가 가장 순수했다고 말했을 것이다.

그날부터 그에게는 소리가 들렸다.

잎 한 장 한 장, 가지 하나하나마다 사과나무가 들려주는 소리였다. 초여름 파릇파릇한 잎에서 살아 있는 사과의 기쁨을 듣고, 가을 열매의 묵직함에서 감사의 말을 듣는다. 그 소리에 응해 사과에게 말을 걸 뿐이다. 기무라 씨는 지금도 그런 식으로 사과와 이야기를 나눈다.

기무라 씨가 거쳐 온 인고의 세월은 결국 온 마음으로 사과나무와 마주 서기 위해 필요한 시간이었는지도 모른다.

기무라 씨가 "바보가 되면 좋아"라고 한 말은 그런 의미에서다.

사람이 살아가기 위해서는 경험과 지식이 반드시 필요하다. 뭔가를 하기 위해서는 경험과 지식을 쌓아 나갈 필요가 있다. 때문에 세상에서는 경험이나 지식이 없는 사람을 바보라고 부른다. 그러나 사람이 진정으로 새로운 뭔가에 도전할 때, 가장 큰 장벽이 되는 것 역시 그 경험과 지식이다.

기무라 씨는 한 가지 실패를 할 때마다 한 가지 상식을 버렸다. 백 번 천 번의 실패를 거듭하는 동안 자신이 경험이나 지식이 아무런 도움도 안 되는 세계에 도전했음을 깨달았다. 그리하여 처음으로 무구한 마음으로 사과나무를 바라볼 수 있게 된 것이다.

그런 의미에서 보면 그가 다다른 심경은 하나의 결승점이었다.

하지만 거기 도달했다고 해서 무슨 일이 벌어지는 건 아니었다.

사과나무와 얘기를 했다고 해서 기적이 일어날 리도 없었다.

그가 살아가는 곳은 현실 세계였기 때문이다.

한 사람의 농민으로서, 식물을 키워 양식을 얻는 인간으로서, 기무라 씨는 그것을 뼈저리게 실감했다. 자연은 섭리에 따라 움직인다. 사람의 바람이나 생각으로 그 섭리가 움직일 리 없었다.

그런 현실 속에서도 기무라 씨는 뭔가를 계속해야만 했다.

자신의 지식이나 경험이 아무 도움도 안 된다는 건 알고 있었다. 자신도 사과나무도 이 세상에 목숨을 얻은 하나의 생명임을 알고, 있는 그대로 사과나무를 바라보게 되었다. 그러나 있는 그대로의 모습이란 아무것도 할 수 없는 자신과 천천히 말라 죽어 가는 사과나무의 모습이었다.

여기서 멈출 수는 없었다. 어떤 방향으로든 발을 내디딜 수밖에 없었다. 결국 기무라 씨는 가당치도 않은 방향으로 그 한 발을 내딛고 말았다.

자신의 무력함을 깨달은 그의 선택은, 어찌 보면 지극히 당연한 결론이었을지 모르지만, 신기하게도 신화의 한 형식과 기묘하게 부합되었다.

그것은 죽음과 재생의 신화다.

사과나무와 함께 기무라 씨도 죽어 가고 있었던 것이다.

달리 생각해 보면, 그 선택 역시 그가 거쳐 가야 할 길이었을지도 모른다.

이 세상에 태어난 의미

1985년 한여름, 7월 31일의 이야기다.

이와키 산기슭 일대에 펼쳐진 드넓은 사과 밭에 석양이 드리워졌다.

밭은 쥐 죽은 듯 고요하고 인기척은 없었다.

여름철 그 무렵에 밭에서 하는 작업은 벌레 먹은 사과를 따는 것과 농약을 뿌리는 정도다. 농약 살포도 스프레이 덕분에 시간이 별로 걸리지 않는다. 다이쇼 시대부터 사용된 농기구지만, 계속 개량되어 한때 유행한 슈퍼 카처럼 스마트해졌다. 성능도 비약적으로 진보하여 농약 살포는 아침 시원할 때 두세 시간 작업으로 끝났다. 때문에 그렇듯 저녁 늦게까지 밭에 남아 있을 필요가 없었다.

밭의 잡초는 잔디처럼 말끔하게 깎여 있었고, 구석구석 손질이 잘된 나뭇가지에는 싱싱한 잎이 무성했다. 가지가 휠 정도로 매달린 사과는 아직은 파랗지만, 가지마다 크고 묵직하게 자라고 있었다.

그 상태라면 올해 풍작도 틀림없었다.

바쁜 수확의 계절을 눈앞에 두고, 일본의 이름난 사과 산지는 오늘도 고요한 황혼을 맞고 있었다. 그러나 단 한 곳, 예외가 있었다.

기무라 씨의 밭이었다.

사과 농가라면 누구나 시선을 돌리지 않고는 못 배길 정도로 비참하고 황폐한 그 밭 한가운데 기무라 씨가 오도카니 앉아 있었다.

동쪽 기슭인 그 주변에서 보면 이와키 산은 사과나무들 위에 붕 떠 있는 것처럼 보인다. 다른 밭이라면 울창한 잎이 시야를 가로막겠지만, 그 밭에서는 마르고 가는 가지들 사이로 붉게 물드는 이와키 산의 정상이 무척이나 커 보였다.

그러나 기무라 씨의 눈에는 그 장대한 풍경이 들어오지 않았다. 아까부터 줄곧 눈앞의 땅바닥만 내려다보고 있었다.

아니, 사실은 땅바닥을 보는 것도 아니었다.

여름 햇볕에 그을린 얼굴에는 골 깊은 주름이 파여 있었다. 이제 갓 30대 중반을 지나 한창 일할 나이였지만, 혹독한 고통을 꾹 참고 있는 듯한 그의 얼굴은 흡사 노인 같았다. 눈의 초점은 흐려져 이제는 무엇을 보고 있는지조차 알 수 없었다.

그가 자신의 무력함을 깨닫고, 사과나무에게 아무리 진심으로 고개를 숙이며 말라 죽지 말아 달라고 애원해도 황폐해진 밭은 조금도 나아지는 기미를 보이지 않았다.

밭뿐만이 아니었다.

그의 네 군데 밭에 있는 8백 그루의 사과나무가 모두 쇠약해지고 말라 갔다. 해결책이 떠오르지 않는 한, 아직은 가까스로 살아남은 나무들도 결국 병과 벌레에 무릎 꿇고 말라 죽을 수밖에 없다. 사과나무가 다 말라 죽으면 모든 게 끝난다.

내가 지금 해야 할 일은 무엇인가. 대답은 이미 나와 있었다.

지금 당장 모든 걸 포기하고 다른 사람들이 재배하는 방법으로 돌아갈 수밖에 없다.

그러나…….

거기까지 생각하면 사고는 늘 멈춰 버렸다. 그것은 이미 몇백 번, 몇천 번이나 되풀이한 생각이었다. 굵은 쇠사슬에 묶인 것처럼 생각은 거기서 단 한 발짝도 나아가지 못했다. 자신의 힘으로는 도저히, 이미 시작해 버린 그 일을 그쯤에서 그만둘 결단을 내릴 수 없었다. 기무라 씨는 자신이 생각한 것보다 더 깊게 그 꿈과 연결되어 있었는지도 모른다.

어쩌자고 이런 지경까지 이르게 했을까. 처음에는 그저 대수로울 것 없는 착상이었을 뿐이다.

저 멀리 높은 산이 보였다. 내가 저 산의 정상까지 오를 수 있을까. 그저 그런 단순한 생각으로 산에 오르기 시작했을 뿐이다.

힘에 부치면 도중에 돌아오면 된다고 생각했다.

그러나 애당초 힘 닿을 만한 곳이 아니었다. 오르면 오를수록 산정상은 더욱더 멀어졌다.

6년간 등산을 계속하며 그 산이 자기에게는 너무 높다는 걸 뼈저리게 깨달았을 뿐이다.

그런데도 넋을 놓고 올라가는 사이, 그것이 살아가는 보람이 되었다. 심지어는 그 산의 정상에 오르기 위해 이 세상에 태어났다는 생각까지 들었다.

무농약으로 사과를 재배한다.

그것이 자신의 '천명'이었다.

이를 악물고 그 일에 열중하는 동안 벼락을 맞은 것처럼 분명하게 깨달은 게 있다. 내가 포기하면 누구도 두 번 다시 그 일을 시도하지 않을 것이다. 내가 포기한다고 말하는 것은 인류가 포기하는 것과 마찬가지란 생각이 들었다.

어느새 기무라 씨는 그 꿈의 실현을 위해 살아가고 있었다.

기무라 씨의 꿈은 기무라라는 존재 자체였다.

한데 그 꿈이 무너진 것이다.

이제 기무라 아키노리가 할 수 있는 일은 아무것도 없었다.

석양은 옅어지고 하늘에는 별이 반짝이기 시작했다. 땅만 내려다보던 기무라 씨는 퍼뜩 정신이 든 것처럼 주위를 둘러보았다. 창고 대신 밭 입구에 놓아둔 폐차 짐칸에 밧줄 한 뭉치가 있었다. 사과 상자를 실을 때 묶는 밧줄이었다.

그 밧줄을 꺼내 어스름한 서쪽 하늘빛에 비춰 보았다. 이미 몇 년이나 사용하지 않아서 낡을 대로 낡아 있었다. 그리고 조금 가늘었다. 그는 밧줄 세 가닥을 엮어 굵직하게 한 가닥으로 만들었다.

생각이 늘 제자리에서만 빙글빙글 맴돌았는데, 그날은 사고가 한 발짝 앞으로 나아갔다.

도저히 답을 낼 수 없던 문제에 명쾌한 해답이 떠오른 것이다. 곰곰이 생각해 보면 몇 주 전부터 답은 이미 나와 있었다.

남은 일은 실행에 옮기는 것뿐이다.

기무라 씨는 밧줄이 잘 묶였는지 확인한 후, 사과 밭 사이로 난 길을 걸어 올라가기 시작했다.

눈앞에는 이와키 산이 검은 그림자가 되어 우뚝 솟아 있었다.

누가 봤다면 신앙심 깊은 마을 사람이 제때도 아닌데 산에 참배라도 간다고 생각했을지 모른다. 쓰가루 지방의 농가에는 오랜 옛날부터 음력 8월 1일 한밤중에 이와키 산으로 올라가 다음 날 아침 해를 바라보며 풍년을 기원하는 풍습이 있었다.

노인 같은 험악한 표정이 30대 남자의 편안한 얼굴을 앗아 가고 말았다. 기무라 씨는 아무도 발견할 수 없는 곳까지 올라가서 죽을 결심을 했다. 모든 원인은 사신에게 있었다. 자신만 죽으면 이 모든 것을 끝낼 수 있다. 그렇게 간단한 일을 왜 지금까지 알아채지 못했을까. 자신은 이 세상에 태어난 의미를 완수할 수 없었다.

그렇다면 더 이상 살아갈 의미가 없다.

후회스럽거나 원통한 마음은 조금도 없었다.

죽는 게 두렵다는 생각도 없었다.

몇 년 동안이나 등에 짊어지고 있던, 자기에게는 너무 버거운 짐을 내려놓는다는 해방감만 느껴질 뿐이었다.

할 수 있는 일은 모두 했다.

더 이상 해야 할 일은 아무것도 없었다.

살아 있어 봐야 가족에게 폐만 끼칠 뿐이다. 자기만 사라지면 가족 모두가 지금보다는 행복해질 게 틀림없다. 무책임하기 이를 데 없었지만, 죽으려는 자신의 선택이 잘못이라는 생각은 들지 않았다.

얼마나 산에 올랐을까. 발밑에 그림자가 지는 걸 알아채고 뒤를 돌아보니 하늘에 커다란 달이 떠올라 있었다.

둥그런 보름달이었다. 그런 달을 바라보는 것도 오랜만이었다.

눈 아래로 히로사키의 야경이 펼쳐졌다.

이 얼마나 아름다운 밤인가 하는 생각이 들었다.

달이나 거리의 조명뿐 아니라 여름의 밤하늘, 어두운 산길, 발밑에서 우는 벌레 소리 그 모든 것이 아름다웠다.

세상은 자기가 생각했던 것보다 훨씬 아름다운 곳이었다.

세상을 떠나려 하는 지금에 와서야 그런 사실을 깨닫는 것도 얄궂기 그지없지만, 그렇다고 해서 마음을 고쳐먹을 기분도 아니었다.

무거운 짐을 버렸기 때문에 세상의 아름다움이 그만큼 선명하게 보였던 것이다. 지금은 그 광경을 바라보며 묵묵히 자기가 가야 할 곳으로 나아가야 한다.

밧줄을 움켜쥐고 내딛는 발걸음 하나하나를 소중히 여기듯 조심

조심 걸어 들어갔다. 발밑에서 잔가지 하나가 부러지자, 그 소리에 놀란 새가 푸드덕 날아올랐다. 그 새가 발아래 세상을 내려다봤다면 밝은 보름달 아래 홀로 산길을 올라가는 기무라 씨의 모습이 보였을 것이다.

그리고 그 모습이 어스름한 나무숲 사이로 사라지는 것도…….

"히로사키의 야경은 정말 아름다웠지. 히로사키가 왜 이렇게 아름다운가 하는 생각이 들더군. 7월 31일이었으니까 시내에는 때마침 네부타 축제(도호쿠 지방에서 행하는 칠석날 행사의 하나. 현재는 8월 1일부터 7일에 걸쳐 행해지는데, 대나무 뼈대에 종이를 발라 커다란 인형이나 동물 모양을 만들어 안에 불을 켠 뒤 수레에 싣고 밤거리를 누비고 다님) 전야제 날이었지. 죽을 생각이었으니까 물론 밝은 기분은 아니었지. 하지만 죽으려고 결심하니까 고통스러운 일이 모두 사라지더군. 생활의 고단함이니 세상의 비난이니 모두 다. 가족을 고생시킨 일도, 저 사람이 한 말도 이 사람이 한 일도 다. 무척이나 고통스럽게 느껴졌던 일들이 깨끗이 사라져 버렸어. 아니, 물론 한편으론 우울한 기분도 가득했지. 말로는 어쩌니 저쩌니 해도 결국엔 죽어서 도망치려 한 거잖아. 죽지 않고는 꿈을 포기할 수 없다고 말하면 그럴듯하게 들리겠지만 말이야. 비겁하다고 해도 어쩔 수 없었어. 가족이나 주위 사람들이 보기엔 정말 제멋대로 사는 남자였을 거야.

그러나 그때 기분을 솔직히 말하면, 마음이 새처럼 가벼워졌지. 미련이 남을 만한 일은 하나도 없었어. 며칠씩 물 구경도 못 하다가 오랜만에 목욕한 것 같은 상쾌한 기분으로 이와키 산에 올라갔던 거지. 곰이 나타날까 무섭다는 생각도 없었어. 그 왜, 옛날에는 산에도 열매가 꽤 많았잖아. 지금처럼 이따금 곰이 나오는 일은 없었지만 말이야. 다만 간혹 새가 놀라 나뭇가지를 떨어뜨렸지. 그 소리가 엄청나게 크게 울려 퍼지더군. 새라는 걸 아는데도 그때마다 심장이 튀어나올 지경이었지. 그건 정말 무섭더라고. 그런데도 꽤 높은 곳까지 올라갔어. 도중에 계곡이 나왔는데 그것도 넘어갔고. 아마 두 시간쯤 올라갔지 싶어. 이쯤이면 괜찮지 않을까 싶어 주위를 둘러보니 마침 적당한 나무가 보였어. 좋아, 저걸로 하자고 결정하고선 들고 온 밧줄을 나뭇가지에 던졌지."

힘이 너무 셌는지 밧줄이 손가락 사이로 휙 빠져나가더니 엉뚱한 방향으로 날아가 버렸다.

그런 상황에서도 실수하다니, 얼마나 변변치 못한 남자인가 생각하며 밧줄을 집으러 산비탈 길을 내려간 기무라 씨의 눈에 이상한 것이 뜨였다.

달빛 아래에 사과나무가 서 있었다.

숲속 나무에겐 농약이 필요없다

마치 마법의 나무처럼 그 사과나무는 반짝반짝 빛을 발하고 있었다.
이렇듯 깊은 산속에 어떻게 사과나무가 있을까.
꿈을 꾸거나 환영을 보는 것 같았다.
그런데 한참을 뚫어져라 쳐다봐도 그 환영은 사라지지 않았다.
이파리 하나하나가 달빛을 받아 반짝이는 모습까지 또렷하게 보였다. 넋을 잃을 정도로 아름다운 사과나무였다. 가지가 쭉쭉 뻗어 있었고, 그 가시마나 잎이 부성했다. 조건 반사처럼 누군가 농약을 쳤을 거라는 생각이 들었다.
저것이 사과나무인 한, 농약을 안 치고는 저렇듯 건강하게 잎이 무성할 리 없다…….
거기까지 생각한 기무라 씨는 정수리에 벼락을 맞은 것처럼 정신이 바짝 들었다.

그럴 리가 없다. 그 나무에는 농약 한 방울 닿았을 리가 없었다.

잘못 던진 밧줄을 줍는 것도 잊은 채 정신없이 달려갔다.

물론 그 깊은 산골짝에 사과나무가 있을 리 없었다.

나무를 향해 달려가면서 기무라 씨는 그것이 사과나무가 아니라는 걸 알아차렸다. 그런데도 심장의 고동은 멈추지 않았다.

그것은 도토리나무였다.

전쟁 중에 육군이 군마를 사육하기 위해 개간한 산중에 도토리가 떨어져 자라난 것 같았다. 말로만 듣던 군마용 풀베기 터였다. 그런데 산중의 평평한 자리에 도토리나무가 몇 그루 서 있는 모습이 사과 밭처럼 보인 것이다.

사과든 도토리든 그때의 기무라 씨에게는 마찬가지였다.

농약을 안 썼는데도 저 나무엔 어쩌면 저렇게 잎이 많이 달렸을까.

넋을 잃고 있다가 겨우 정신을 차리고 주머니 속을 뒤져 성냥불을 켰다. 잎을 잡아당겨 성냥불에 비춰 보았다. 예상했던 대로 해충은 없었다. 벌레 먹거나 병으로 색이 변한 잎이 전혀 없는 건 아니지만, 거의 대부분 아주 건강했다.

6년간 끝없이 찾아 헤매며 찾던 답이 눈앞에 나타난 것이다.

숲 속 나무는 농약 같은 걸 필요로 하지 않는다.

지금까지 왜 그런 사실을 신기하게 여기지 않았을까. 자연의 식물이 농약의 도움 없이 건강하게 자라는 것을 어째서 신기하게 여기지 않았을까.

산에 벌레가 없는 것도 아니었다. 아까부터 벌레 소리는 시끄러울 정도로 울려 퍼졌다. 주위는 작은 생물들의 기척으로 가득했다. 밭의 벌레만 해도, 큰 민달팽이가 그랬듯이 대부분 산이나 숲에서 내려온 것이다. 그렇다면 병의 원인이 되는 곰팡이나 균도 마찬가지일 것이다. 그런데도 벌레나 병이 도토리나무를 완전히 먹어 치우지 못한 것은 무슨 까닭일까. 기무라 씨는 그 장소에 발을 들여놓는 순간, 그 이유를 깨달았다.

산기슭에 있는 사과나무나 눈앞의 도토리나무나 똑같은 이와키 산의 공기를 마시고, 똑같은 태양 빛을 받는다. 조건은 거의 다를 바 없었다. 그러나 결정적으로 다른 것이 하나 있었다. 땅에는 잡초가 제멋대로 자라 발이 빠질 정도로 깊었다. 흙이 전혀 달랐던 것이다.

기무라 씨는 풋내를 풍기는 풀 냄새에 취해 정신없이 발밑의 땅을 파헤쳤다. 흙은 보드랍게 흐무러져서 맨손으로도 파헤칠 수 있었다. 풀을 잡아 뽑자 흙이 붙은 뿌리가 끝까지 뽑혀 나왔다. 그렇게 부드러운 흙을 만져 보는 건 처음이었다.

코를 찡하게 자극하는 산의 흙냄새가 풍겼다.

바로 이거다. 이런 흙을 만들면 된다.

직관이라기보다 누군가가 자기 머릿속에서 속삭이는 느낌이었다.

자기도 모르는 사이 흙을 입속에 넣고 있었다. 코를 찡하게 울리는 독특한 냄새가 입안 가득 퍼졌다. 자극적이었지만, 뭐라 표현하기 어려운 좋은 냄새였다.

자신은 지금껏 사과나무의 보이는 부분, 즉 지상에만 신경을 썼다. 눈에 보이지 않는 사과나무의 지하는 안중에도 없었다. 퇴비를 주고, 양분을 뺏기지 않게 잡초만 깎아 주었다. 잎의 상태만 신경 썼을 뿐, 사과의 뿌리는 까맣게 잊고 있었던 것이다.

그런데 이렇게 우거진 풀숲에서도 도토리나무는 쑥쑥 잘 자라고 있었다. 아니, 풀이 우거졌기 때문에 도토리가 건강한 게 아닐까.

이 부드러운 흙은 사람이 만든 게 아니다.

그곳에 자리 잡고 살아가는 모든 생물들의 합작품이다. 낙엽과 마른풀이 몇 년씩 쌓이고, 그것을 벌레나 미생물이 분해해 흙이 만들어진 것이다. 거기에 떨어진 도토리나 풀씨가 뿌리를 뻗으면서 흙의 깊은 부분까지 일구어 나간다. 흙 속에도 풀과 나무 표면에도 무수한 곰팡이와 균이 존재할 것이다. 그중에는 좋은 균도 있고, 나쁜 균도 있을 것이다.

자연 속에서 고립해 살아가는 생명은 없다는 생각이 들었다. 그곳에서는 모든 생명이 다른 생명과 관계를 맺고 서로를 지탱하며 살아갔다. 그건 이미 알고 있는 사실이었지만, 사과를 지키려는 마음이 앞서다 보니 가장 중요한 것을 잊고 있었다.

자기는 이제껏 농약 대신 벌레나 병을 없애 줄 물질만 찾아 헤맸다. 퇴비를 뿌리고 잡초를 깎으며, 사과나무를 주변 자연으로부터 격리시키려 했다. 사과나무의 생명이 무엇인지에 관해서는 생각해 보지 않았다. 농약을 쓰지 않았어도 농약을 쓴 것이나 마찬가지였다.

병이나 벌레 때문에 사과나무가 약해졌다고만 생각했다. 그것만 없애면 사과나무가 건강을 되찾을 거라고…….

그러나 그게 아니었다. 벌레나 병은 오히려 결과였다.

사과나무가 약해졌기 때문에 벌레와 병이 생긴 것이었다.

도토리나무 역시 해충이나 병의 공격에 노출되어 있을 터였다. 그런데도 그토록 건강한 것은 식물은 본래부터 농약 같은 게 없어도 스스로를 지킬 힘이 있기 때문이다. 그것이 자연의 본모습이다. 그런 강력한 자연의 힘을 잃어버렸기 때문에 사과나무는 벌레와 병으로 고통받았던 것이다.

자기가 해야 할 일은 그런 자연을 되찾아 주는 일이었다.

파헤치고 또 파헤쳐도 산의 흙은 부드러웠다. 그리고 어렴풋하게 따뜻했다. 눈에 보이지 않는 작은 생명들이 그곳에 살아 숨 쉬는 느낌이 전해졌다.

밭에 그런 흙을 깔아 주면 사과나무는 반드시 뿌리를 뻗을 것이다. 그리고 도토리나무처럼 건강을 되찾을 것이다. 그렇게 생각만 한 게 아니라, 마음 깊은 곳에서 그렇게 될 거라는 확신이 들었다.

마침내 답을 찾아낸 것이다. 그 답을 다시 한 번 확인하듯 맨손으로 땅을 파고 그 냄새를 맡고 입속에 넣어 맛을 봤다. 풀을 뽑아 떨리는 손끝으로 보드라운 뿌리의 감촉을 확인했다.

온 정신이 팔려 흙투성이가 되어 가는 기무라 씨의 모습을 하늘 한가운데서 보름달이 조용히 비추고 있었다.

6

나무만 보지 말고 흙을 봐라

역시 흙이 다르다는 걸 깨달았지. 그래서 커다란 봉지에 흙을 담아 돌아왔지.
코를 톡 쏘는 냄새가 날아가지 않게 주둥이를 단단히 묶어서 말이야.
그리고 밭으로 돌아와 흙을 파서 비교해 봤지. 우리 밭의 흙은 그런 냄새도 안 났고,
역시나 단단했어. 풀을 뽑으면 도중에 뿌리가 끊어질 정도였지. 사과나무 뿌리는 형편없었어.
굵기도 보잘것없고, 잔뿌리도 없고, 살짝 검게 변한 느낌에 흰색이라곤 찾아볼 수 없었지.
도토리는 잡초투성이 속에서도 뿌리를 그렇게 깊이 뻗었는데 말이야.
그동안 잡초는 무조건 사과나무의 적이라고 믿었으니까.
잡초를 깎는 건 사과를 위한 일이라고 생각했지.
그러나 아무리 잡초를 깎아 줘도 사과나무는 건강해지지 않았어.
아니, 잡초를 깎았기 때문에 더 약해졌던 거야.

잡초를 자라게 하다

"이거야, 이거. 이게 답이야. 그 깊은 산골짝에서 춤이라도 추고 싶은 심정이었지. 난 어쩔 수 없는 바보라서 말이야, 왜 산에 올라갔는지도 잊어버렸어. 밧줄 같은 건 이미 까맣게 잊은 지 오래였지. 그러고는 정신없이 산을 내려왔어. 한시라도 빨리 밭의 상태를 보고 뭘 해야 할지 궁리하고 싶었으니까. 내리막길이라 한 시간 조금 더 걸려서 산기슭에 도착했을 거야. 그런데도 한밤중이 거의 다 됐지. 내가 너무 늦도록 안 오니까 집사람이 아이들을 데리고 밭에 나와 있더군. 틀림없이 무척 걱정했을 텐데, 내 기분이 너무 좋아 보이니까 여우에게 홀린 표정을 짓더라고."

다음 날 아침, 기무라 씨는 다시 산으로 올라갔다.

그 도토리나무 아래 흙을 좀 더 자세히 관찰하고 싶어서였다.

태양 아래서 다시 본 도토리나무는 생각보다 가늘었다. 나무 두께도 기껏해야 15센티미터 정도였을 것이다. 그러나 뿌리는 놀라울 정도로 단단하게 박혀 있었다. 파고 또 파도 끝없이 뻗어 있었다. 어린 나무인데도 뿌리가 굵고 깊었고, 가느다란 머리칼 같은 잔뿌리도 빽빽하게 나 있었다.

땅이 부드러워 기무라 씨는 주위의 흙을 점점 더 파헤쳤다. 어젯밤에 받은 인상은 잘못된 게 아니었다. 흙은 따뜻했고, 코를 자극하는 냄새가 났다. 자기 밭의 흙과는 아주 달랐다.

"역시 흙이 다르다는 걸 깨달았지. 그 흙 상태를 그리려고 종이와 연필을 가지고 갔지만, 제대로 그려지지 않았어. 그래서 커다란 봉지에 흙을 담아 돌아왔지. 코를 톡 쏘는 냄새가 날아가지 않게 주둥이를 단단히 묶어서 말이야. 그리고 밭으로 돌아와 흙을 파서 비교해 봤지. 우리 밭의 흙은 그런 냄새도 안 났고, 역시나 단단했어. 풀을 뽑으면 도중에 뿌리가 끊어질 정도였지. 사과나무 뿌리는 형편없었어. 굵기도 보잘것없고, 잔뿌리도 없고, 살짝 검게 변한 느낌에 흰색이라곤 찾아볼 수 없었지. 도토리는 잡초투성이 속에서도 뿌리를 그렇게 깊이 뻗었는데 말이야. 스님 머리처럼 정성껏 잡초를 깎아 준 우리 밭의 사과나무 뿌리는 한심하기 그지없더군. 하긴, 그동안 잡초는 무조건 사과나무의 적이라고 믿었으니까. 잡초를 깎는 건 사과를 위한 일이라고 생각했지. 그러나 아무리 잡초를 깎아 줘도 사과나무는 건강해지지 않았어. 아니, 잡초를 깎았기 때문에 더 약해졌던 거야."

이제는 더 이상 할 일이 없다고 생각했는데 거짓말 같았다. 아무것도 할 수 없다고 생각한 것은 아무것도 보지 않았기 때문이다. 눈에 보이는 부분에만 정신이 팔려 눈에 보이지 않는 부분까지 보려는 노력을 잊었던 것이다.

도토리나무 아래를 파헤친 흙에서 풍기는 자극적인 냄새는 조사해 본 결과, 일종의 방선균 때문이었다. 이 방선균이 양분이 되는 질소를 토양에 축적하는 활동을 하는 것이다. 콩 같은 콩과 식물의 뿌리에 공생하는 뿌리혹박테리아가 질소의 동화 작용에 관여하는 방선균의 일종이라는 것은 널리 알려져 있었다.

대기 중의 유리遊離 질소를 생물체가 생리적으로 또는 화학적으로 이용할 수 있는 상태의 질소 화합물로 바꾸는 일이다.

질소, 인산, 칼륨은 작물 재배에 꼭 필요한 비료의 3대 요소다. 농업 교과서에도 그렇게 쓰여 있다. 하지만 산의 흙은 그런 교과서 내용을 알지도 못한다. 비료는 단 1그램도 안 뿌렸는데 이처럼 안성맞춤의 성장 조건을 갖추고 있었다.

퇴비 같은 건 줄 필요도 없었다. 화학 비료든 퇴비든, 인간이 뿌리는 영양분은 일시적인 효과뿐이었다. 때문에 매년 뿌려 줘야 한다. 게다가 그렇게 키운 자기 밭의 사과나무는 다디단 과자를 먹인 아이들처럼 필요한 양분을 찾아 땅속 깊이 뿌리를 내리는 노력을 하지 않게 되었다.

기무라 씨는 매일같이 흙을 파헤치며 관찰을 계속해 나갔다. 가장 귀중한 교과서가 된 도토리나무 아래와 자기 밭뿐만 아니라, 산속의 이곳저곳은 물론 산기슭의 황무지까지 자신의 손이 닿는 곳은 어디든 파헤쳤다. 발을 딛고 그 위를 걷기만 할 때는 상상도 못했는데, 밭 흙과 산 흙은 모든 게 달랐다.

　무엇보다 온도부터가 달랐다. 그 무렵의 기무라 씨는 어디를 가든 두꺼운 종이에 싼 커다란 온도계를 들고 다녔다. 그리고 땅을 파고 온도를 쟀다. 깊이 파도 산 흙의 온도는 거의 변하지 않았다. 표면에 가까운 장소부터 몇십 센티미터 깊은 곳까지 온도가 거의 일정했다. 그러나 밭 흙은 고작 10센티미터를 팠을 뿐인데도 온도가 아주 많이 내려갔다.

　"실은 예전에 잡초 때문에 아버지와 말다툼한 적이 있지. 아버지는 잡초를 뽑지 말라고 하셨어. 군대 시절 남방 섬에서 농사를 지을 때 잡초가 있는 데서 작물이 더 잘 자라는 경험을 하셨기 때문이지. 그런데 나는 그 말을 믿을 수 없었어. 남방 섬과 아오모리는 다르다고 생각했지. 그러잖아도 사과나무는 점점 약해졌으니까. 잡초를 그대로 두면 양분을 빼앗겨 더 약해질 줄 알았던 거야. 하지만 아버지 말씀이 옳았어. 잡초가 흙을 일궈 주는 거야. 잡초는 잡초대로 자기 역할을 다했는데, 내가 편견을 가지고 사과나무를 바라봤던 거야. 나무만 보고 숲은 못 본 거지. 난 오로지 사과나무만 본 거야. 사과나무는 사과나무 혼자서만 살아갈 순 없어. 주변 자연과 어울리며 살아가는 생물이었던 거지. 인간도 마찬가지야. 그런데 그걸 잊어버리고, 자기 독자적으로 살아가는 줄 알지. 그리고 어느새 자기가 재배하는 작물도 그럴 거라고 믿어 버리게 된 거야. 농약을 사용하는 가장 큰 문제는 사실 그 부분에 있어. 농약을 뿌리는 건 사과나무를 주변 자연에서 격리시켜 키우는 거지. 산 흙이 따뜻한 이유는 미생물이 많고 왕성하게 활동하기 때문이야. 그래서 아무리 깊이 파헤쳐도 온도가 일정해. 밭 흙이 10센티미터 단위로 온도가 낮아지는 것은 흙 속의 미생물 활동이 약해졌다는 뜻이지. 그 증거로, 여러 곳의 흙을 파헤쳐 온도를 조사해 보고 알았는데, 밭이 아닌 장소라도 밭과 환경이 비슷한 곳에서는 마찬가지였거든. 깊은 곳일수록 온도가 낮아졌지. 아마 농약의 영향으로 흙 속의 생태계가 변했을 거야. 우리 밭도 마찬가지였지. 틀림없이 흙 속에 서식하는 미생물의 양이 산 흙에 비해 훨씬 적었기 때문일 거야. 그때는 농약 살포를 그만둔 지 6년이 지났지만, 그전까지 계속 농약을 뿌렸으니 생태계가 무너져 버렸을 테지. 게다가 열심히 풀베기까지 했으니 생태계가 회복될 수 없었을 거고. 생태계는 무수한 생물의 활동을 통해 만들어지는 거니까. 그래서 어쨌거나 사과나무 뿌리를 튼튼하게 하기 위해서는 산 흙을 재현할 수밖에 없다 생각하고, 잡초들이 자라는 대로 내버려 두기로 했어. 부드러운 숲 속의 흙, 그러니까 미생물이 풍부하고 아무리 깊이 파 들어가도 온도가 변하지 않는 흙 속에서 뿌리를 잘 뻗는다는 걸 알았으니까. 밭의 풀은 이미 베어 버린 후라 때를 놓쳤지만,

잡초 대신 콩을 뿌렸어. 팔다 남은 찌꺼기 콩을 싸게 사왔지. 몇 가마니나 뿌렸을까. 얼마를 뿌려야 할지 몰라서 그냥 왕창 뿌려 버렸지. 그랬더니 어디서 보고 있었는지 산비둘기가 모여들더군. 재주는 곰이 넘고 돈은 되놈이 받는다더니, 비둘기들이 수도 없이 몰려와서 뿌리는 족족 먹어 치우는 거라. 아하하, 웃기는 얘기지. 한때는 산비둘기가 밭에 둥지를 튼 적도 있다니까. 그야말로 산비둘기 천국이 된 거야."

다 자란 콩을 뽑으면 뿌리에 작은 알갱이가 빽빽이 붙어 있었다. 뿌리혹박테리아의 서식처였다. 예상했던 대로 산 흙에 있던 방선균과 같은 활동을 해주는 게 틀림없었다.

다음 해에는 봄부터 콩을 뿌렸다. 콩이 허리 높이까지 자라 사과밭이 정글처럼 변했다. 매달 하던 풀베기도 뚝 끊었기 때문에 콩 밑에선 온갖 잡초가 자라났고, 그 풀숲에서 벌레가 울었다. 개구리가 벌레를 쫓고, 개구리를 노리는 뱀이 모습을 드러냈다. 들쥐와 산토끼까지 뛰어다녔다. 기무라 씨의 밭은 갑작스레 시끌벅적해졌다. 그런데 신기하게도 콩의 **뿌리혹박테리아**는 지난해보다 줄어들었다.

그리고 사과나무는 조금씩 건강해졌다.

반점낙엽병도 잎말이나방도 여전히 맹위를 떨쳤지만, 기무라 씨의 눈에는 사과나무가 오랜 투병을 끝내고 서서히 건강을 되찾는 것처럼 보였다.

사과나무를 지키기 위해서라면

그 무렵부터 기무라 씨는 아르바이트를 시작했다.

밭 상태가 호전 기미를 보였다고는 하지만, 기무라 집안의 생계가 몹시 어려운 상황에는 변함이 없었다. 그 정도가 나날이 더 심해져만 갔다. 일해서 돈을 벌어야만 할 긴박한 상황에 내몰린 이유도 있었다. 그러나 그 무렵에 아르바이트를 시작한 가장 큰 이유는 자존심과 관련된 문제였다.

사과 밭을 엉망으로 만들어 놓고, 일하러 나가는 것은 스스로 패배를 선언하는 일이었다. 남들이 사과로는 먹고살 수 없어 아르바이트를 나간다고 생각하는 게 괴로웠다.

다른 사람들도 옛날부터 해온 일이어서 겨울에 도시로 돈벌이를 나가는 것에는 아무런 거부감도 없었지만, 집 근처에서 아르바이트를 할 마음은 도저히 내키지 않았다. 아마 주위의 비판이나 험담에 깊은 상처를 받았기 때문일 것이다. 누가 뭐라 해도 나는 사과 농사꾼이다. 사과로만 먹고살 수 있다. 아르바이트 따윈 턱도 없다. 줄곧 그렇게 생각해 왔다.

그런데 이와키 산에 올라가 답을 구한 후로는 어찌 된 일인지 그런 묘한 자존심도 말끔히 사라졌다. 자존심이 다른 사람의 눈을 의식하는 마음에서 생겨난다면, 다른 사람의 눈이 전혀 신경 쓰이지 않게 되었다고 말할 수 있다.

사과나무에 열매를 맺게 하기 위해서라면 무슨 일이든 할 수 있다는 마음이 든 것이다.

이와키 산에서 돌아온 후로 한밤중에 사과 상자에 쪼그려 앉는 일도 없었다. 사과를 수확하기까지는 해야 할 일들이 산더미처럼 쌓여 있었지만, 이제 무엇을 할까 고민할 필요가 없었다. 밭에서 작업이 끝나면 밤에는 잠을 잘 뿐이다.

그런 밤 시간에 아르바이트를 하려고 마음먹었다.

다른 지방에서 밤 아르바이트를 찾는 건 쉬운 일이 아니었다.

맨 처음 근무한 곳은 히로시키에 있는 파친코였다. 기무라 씨는 성격이 고지식해 태어나서 단 한 번도 파친코에 들어가 본 일이 없었다. 파친코 기계를 보는 것도 처음이었다. 한마디로 무모한 도전이었다.

파친코에서 직원이 감당해야 할 첫 번째 업무는 손님들의 불평불만에 대응하는 일이었다.

구슬이 핀에 걸렸다, 숫자가 맞았는데 구슬이 안 나온다, 도대체 이 기계는 구슬이 왜 안 들어가느냐……. 불평불만은 그칠 줄을 몰랐다. 문제를 얼마나 신속하고 정확하게 처리함으로써 손님의 기분을 풀어 주느냐가 그 장사의 핵심이었고, 그것은 모든 직원의 어깨에 달려 있었다.

손님들의 불평불만이 정당하고 파친코 기계의 문제가 원인이라면, 그 문제를 신속히 해결하면서 가게에 손해를 끼치지 않는 범위 내에서 티 나지 않게 손님의 손실을 보충해 줄 필요가 있다. 설령 불평불만이 단순한 생트집이라도 기분 상하지 않게 대하면서도 손님에게 끌려가지 않는 선에서 의연하게 주의를 줄 수 있어야 한다.

기무라 씨에게는 짐이 너무 무거운 일이었다. 손님에게 불려 가도 우물쭈물했고, 손님의 기분을 풀어 주기는커녕 오히려 기분을 상하게 하는 일이 많았다. 그냥 두고 볼 수 없었던 매니저가 폐기 처분할 낡은 파친코 기계를 기무라 씨에게 주었다. 집에서 다루는 법을 연습하라는 의미였다. 그걸로 파친코 기계의 구조는 이해했지만, 서투른 손님 대응은 조금도 나아지지 않았다. 기무라 씨의 경우, 사과나무의 기분은 알아도 파친코 손님의 기분은 도통 종잡을 수 없었다.

8개월 만에 해고된 기무라 씨가 그다음으로 찾아낸 직장은 번화가에 있는 카바레였다.

처음에는 화장실 청소부터 시작했다. 영업이 끝난 한밤중에 술집을 돌며 화장실 청소를 해서 5백 엔, 천 엔을 벌었다. 힘든 일이었지만, 그걸로 가족에게 뭔가 사줄 수 있다고 스스로를 격려하며 일을 해나갔다. 그러는 사이, 한 카바레의 지배인이 가게 일을 해보지 않겠냐고 제의해 왔다.

손님이 없을 때는 가게 앞에 나가 손님을 끌어왔고, 가게가 붐빌 땐 웨이터 일을 했다. 기무라 씨에게는 카바레 역시 미지의 세계였다. 온더록스와 물에 타 먹는 위스키는 글라스 종류가 다르다는 것조차 몰랐고, 냉수나 안주를 의미하는 종업원들 사이의 은어조차 알아듣지 못했다. 매일같이 얼간이 짓을 했지만, 카바레 사람들은 기무라 씨를 친절하게 대해 줬다.

호스티스나 종업원들은 대부분 아오모리 출신이 아니었다. 모두 나름의 사연을 안고 그 가게까지 흘러 들어온 사람들이었다. 가게에서 과거 얘기를 묻는 것은 금기였지만, 다른 사람이 처한 곤경에는 모두들 민감했다.

기무라 씨가 궁핍하다는 것은 한눈에 드러났다. 몇 년씩이나 계속된 영양실조로 바짝 마른 사과나무처럼 기무라 씨 역시 빼빼 말라 있었다. 저녁에 밭일을 마치고 나면 중고 모터 자전거를 타고 곧장 카바레로 달려갔기 때문에 낡아 빠진 화학 섬유 스웨터도, 무릎이 떨어진 구깃구깃한 바지도 늘 진흙투성이였다. 가게에 도착하면 하루 5백 엔 계약으로 의상실에서 빌린 싸구려 양복으로 갈아입고, 고무줄 달린 나비넥타이를 매고 호객 행위를 했다. 손님이 없는 추운 밤에는 새벽 2시까지 인기척 없는 거리를 서성거렸다.

사과 농가는 히로사키 유흥가의 주요 고객이었다. 그런데 똑같은 사과 농가인 기무라 씨는 왜 그리 가난한 걸까.

그런 질문을 받아도 기무라 씨는 숨길 게 전혀 없었다. 아마 그의 성격으로 추측하건대, 벌레가 다 먹어 치워 황폐해진 밭의 참담한 모습과 무농약으로 사과를 키우려는 자신의 꿈을 재미있게 얘기했을 것이다.

기무라 씨가 사람들에게 호감을 사는 이유는 그와 얘기를 나눠 보면 금방 알 수 있다.

무엇보다 얘기가 재미있다. 자신을 꾸미는 사람이 아니기 때문에 대부분 기무라 씨의 끝없는 실패담을 듣게 되지만, 억양과 이야기를 풀어 나가는 솜씨가 절묘해 자기도 모르게 빨려 들고 만다. 게다가 그의 이야기에는 늘 익살이 따라붙어 쓰가루 사투리로 하는 만담을 듣는 느낌이다.

사과 얘기를 할 때만 그런 게 아니다. 술을 마시면 진짜인지 거짓인지 구별이 안 가는 황당무계한 이야기까지 뒤섞인다. 그러면서도 묘한 리얼리티가 있어 이야기를 들을 당시는 무심코 믿게 된다.

어쩌면 카바레 사람들도 그런 얘기를 들었을지 모른다. 황당무계하다는 걸 알면서도 기무라 씨의 이야기는 몇 번이라도 듣고 싶어지는 묘한 매력이 있다.

개척자는 고독하다. 인류를 위해 뭔가 새로운 것, 진정한 의미에서 혁신적인 것을 이뤄 내는 사람은 예로부터 늘 고독했다. 그것은 기성관념을 깨부수는 일이기 때문이다. 과거로부터 축적되어 온 세계관이나 가치관을 사랑하는 사람들이 볼 때, 개척자는 질서를 파괴하는 자의 다른 이름일 뿐이다. 라이트 형제가 비행기를 띄우려 했을 때, 유럽의 어느 학자는 비행기라는 기계가 하늘을 날 수 없다는 걸 '증명'하기 위해 논문까지 썼다는 이야기가 있다. 갈릴레오 갈릴레이가 종교 재판에서 지동설을 취하하게 된 것도 같은 맥락일 것이다. 현대인의 감각으로 본다면, 왜 그런 사소한 문제로 대소동을 일으켰는지 이상할 정도다. 지구가 태양 주위를 돈다고 해서 무엇이 변하는 것도 아니다. 하늘을 나는 실험을 한다는데 무슨 불편함이 있단 말인가. 그러나 당시 사람들의 반응은 달랐다. 물리학 법칙에 반한다느니, 신을 모독한다느니 이런저런 논리를 붙였지만, 그 모든 뿌리에는 변화에 대한 인간의 본능적인 공포가 자리하고 있었다.

사람은 변화를 두려워하는 생물이다. 라이트 형제나 갈릴레이가 현대인에게 존경을 받는 것은 비행기도 지동설도 오늘날에는 이미 새로운 게 아니기 때문일 것이다.

기무라 씨는 그와 똑같은 유형, 즉 인간이 본능적으로 가지는 공포감을 자신이 맞서야 할 상대로 삼은 것이다. 농약 만능주의 시대에 농약을 안 쓰고 사과를 재배하려 하다니, 갈릴레이 시대에 지구가 태양 주위를 돈다고 주장하는 것에 필적하는 폭거였다. 그가 받은 유형 무형의 압력이 어마어마했을 거라는 건 쉽게 상상할 수 있다.

불가능을 가능하게 하는 것.

무농약으로 사과를 재배하는 일에 기무라 씨의 존재 전체가 걸려 있었던 것이다.

사과 재배에 관해서는 잘 모르기 때문에 카바레 사람들은 오히려 기무라 씨의 꿈을 열심히 들어 주었다. 사과를 무농약으로 재배하는 것이 실제로 얼마나 힘든 일인지 몰라도, 기무라 씨의 모습을 보면 그에게 그 꿈이 얼마나 중요한 것인가는 금방 짐작할 수 있었다. 아니, 어쩌면 기무라 씨의 큰딸과는 또 다른 의미에서, 그들 역시 기무라 씨의 꿈을 자신의 꿈으로 여겼을지 모른다. 자기의 꿈이 아니더라도, 꿈은 꿈이다. 그것은 인생이 살아갈 만한 가치가 있는 것임을 상기시켜 준다. 꿈을 실현하기 위해 자존심도 버리고 밤낮으로 일만 하는 기무라 씨는 자신들의 영웅이었다.

기무라 씨가 '아빠'라 불리며 모두의 사랑을 받기까지는 그리 오랜 시간이 걸리지 않았다. 기무라 씨가 저녁밥도 못 먹고 밭에서 곧장 가게로 일하러 나온다는 걸 알고 나서 호스티스들은 교대로 도시락을 싸왔다.

카바레 지배인은 기무라 씨가 온 뒤로 가게 분위기가 밝아졌다는 걸 알아챘다. 욕심 없고 올곧은 성격에 부기 자격증까지 갖춘 걸 알고 나서는 경리 일도 맡겼다. 물장사에는 도무지 안 맞을 것 같았던 기무라 씨가 어느새 가게에 없어서는 안 될 종업원이 되었던 것이다.

기무라 씨는 그 직장에서 3년간 근무했다.

매일 저녁 7시부터 새벽녘까지 일해서 손에 쥐는 17만 엔 남짓한

월급은 기무라 씨의 가정 경제에 없어선 안 될 소중한 수입이었다.

사소한 '그 사건'만 일어나지 않았다면 가게를 그만둘 일도 없었을 것이다.

아니, 어쩌면 그 일은 사과나무가 기무라 씨를 불러들이는 손짓이었는지도 모른다.

그날은 가게에 손님이 거의 없어, 웨이터이자 경리 담당인 기무라 씨가 오랜만에 가게 앞에 나가 손님들을 끌고 있었다.

바람이 매서운 겨울이었고, 길 양쪽에는 눈이 수북이 쌓여 있었다. 번화가였지만 사람들 발길이 아주 드물어 끌어올 손님이 보이지 않았다. 기무라 씨는 어쩌다 지나가는 취객에게까지 열심히 말을 건넸다.

아마 자동차 헤드라이트 역광만 안 비쳤어도 그 두 사람에게 말을 건네는 일은 없었을 것이다. 얼굴을 알지 못해도, 가게에서 일하는 종업원이나 관계자들은 손님과는 확연하게 분위기가 다른 사람들이라 금방 알아본다.

그들은 호객 행위를 해서는 안 되는 상대 중에서도 가장 주의해야 할 그 지역 야쿠자였다.

"손님, 한잔 어떠십니까?"

말을 건네자마자, 멱살을 잡혔다.

"이 새끼가 눈이 삐었나! 이게 안 보여?"

가슴팍에 단 금배지를 보란 듯이 내밀었다. 손이 발이 되도록 빌었지만, 이미 엎질러진 물이었다. 그들은 가게로 밀고 들어오려 했다. 그들이 들어오면 문제가 생기는 건 불을 보듯 훤했다. 정신없이 빌고 또 비는 와중에 인기척 없는 절 경내로 끌려갔다.

어느새 일고여덟 명의 사내들에게 둘러싸여 있었다. 얼굴을 맞았다. 앞니가 부러지고 와이셔츠는 피투성이가 되었다. 그 후로는 제정신이 아니었다. 어떻게든 도망칠 수밖에 없었다.

발밑을 보니 때리는 상대가 부드러운 방한 구두를 신고 있었다. 자기도 모르게 순간적으로 구두 뒤축으로 있는 힘껏 발등을 밟았다. 가게 손님 중에 접골원 의사가 있었는데, 발등이 인간의 급소라는 얘기를 들은 기억이 떠올랐던 것이다.

그러고는 남자가 발등을 부여잡는 틈을 타 정신없이 달리기 시작했다. 절 뒤쪽 비탈을 굴러 떨어지듯 하며 도망쳤다. 그러고는 어디를 어떻게 달렸는지 기억도 나지 않았다. 번화가 근처를 지나는 전차 선로를 따라 달리다 건널목을 건넜다. 음식점 뒤편의 가스통 틈에 숨어 있으니 사내들이 쫓아오는 발소리와 그를 찾으며 외치는 고함 소리가 들렸다. 숨을 죽이고 그들이 지나갈 때까지 기다렸다가 한참 뒤에 가게로 돌아가자, 가게 앞에 경찰차 두 대가 서 있었다. 텔레비전의 수사극을 보는 것 같았다.

"경찰에서 서류철을 보여 주는데 요주의 인물로 찍은 폭력단 사람들의 사진이 붙어 있었어. 내 와이셔츠는 피범벅이고 얼굴도 통통

부었는데 경찰은 개의치도 않더군. 사진을 한 장 한 장 보여 주면서 이 사람이냐 저 사람이냐 묻는 거라. 사진을 보고 누구한테 맞았는지 금방 알았지만, 난 사건을 확대시키고 싶지 않다고 했지. 말을 걸었던 내 잘못이니까 그 사람들을 고소할 생각은 없다고 말이야. 그랬더니 경찰도 포기했는지 '알았습니다. 다만 때린 두 사람은 내일 경찰에 출두시킬 테니 그리 아십시오' 하더군. 피해 보고가 없어서 체포는 안 하겠지만, 경찰이 사건을 파악하고 있다고 말했지. 그리고 다음 날 그 두 사람이 나에게 사죄하러 왔어. 나중에 들은 얘긴데, 내가 일했던 가게에서 그들 조직에 돈을 안 줬던 모양이야. 옛날에는 물장사를 하려면 돈을 내는 게 보통이었나 봐. 그런데 돈을 안 냈으니 그 가게를 줄곧 눈여겨봤겠지. 그렇지만 경찰 사건으로 커지면 손쓸 방도가 없어. 그 후에도 두 번쯤 더 사과하러 왔고, 화해하고 싶다고 해서 두목에게까지 불려 갔었어. 술 한잔 마시고 풀었지. 그렇게 몇 번씩 사과를 안 해도 되는데 말이야. 그 사람들 나름의 의리랄까 절차를 밟은 거겠지. 그 일을 계기로 가게를 그만뒀어. 딱 좋은 시기였어, 사과가 점점 원기를 되찾을 때였으니까. 이제 슬슬 본업인 사과 농사로 먹고살라고 사과나무가 기운을 넣어 준 것 같기도 해. 카바레 지배인은 상처가 나으면 다시 나오라고 몇 번이나 말했지. 하지만 확실하게 밝혀야 할 것 같아서 가게로 인사하러 갔더니 내 결심이 굳은 걸 알았는지 퇴직금까지 챙겨 주더군. '잘 알겠습니다. 힘내서 사과를 길러 주세요'라면서 말이야. 봉투를 열어 보니 50만

엔이나 들어 있어 깜짝 놀랐지. 3년 동안 근무한 퇴직금이라곤 하지만, 그렇게 큰 돈을 한꺼번에 받아 보는 건 정말 오랜만이었으니까. 밀린 세금을 정산하고 나니 남는 돈은 거의 없었지만 말이야. 흐음, 뭐 그런 일이 있어서 내 이가 빠져 버렸지. 그때 부러진 건 앞니 하나뿐인데, 그 일을 잊지 않으려고 치과에 안 갔어. 빠진 그 이는 내가 사과를 위해 싸운 증거라고 여겼지. 다른 사람에게 매를 맞으면서까지 사과나무를 지키려 했다는 걸 평생 잊지 않기 위해서라도 이가 빠진 채 살아가기로 했지. 그런데 이 하나가 빠지니까 옆에 있던 이까지 흔들거리기 시작하더라고. 그럴 때마다 펜치로 뽑다 보니까 어느새 하나도 안 남았어. 그래서 사람들이 왜 이가 없냐고 물으면 이렇게 대답하기로 했지. '나는 사과 잎과 내 이를 바꿨습니다'라고 말이야."

병도 벌레도 자연의 일부다

겨울 추위 속에서도 언뜻언뜻 봄기운이 느껴질 때가 있다.

자연의 변화는 눈에 보이지 않는 곳에서 조금씩 진행되어, 바닷물이 차오르듯 주위에 영향을 미친다. 뭔가가 확연히 변화하고 있었다.

사람도 무의식중에 그것을 느낄 것이다. 눈에 보이지 않는 변화는 제일 먼저 기무라 씨를 바꿨다. 그리고 기무라 씨와 주위 사람들의 관계에도 영향을 미쳤다.

기무라 씨가 이런 이야기를 들려주었다. 정글처럼 변한 기무라 씨의 밭을 더 이상 참고 봐줄 수 없었던지 근처 밭 주인이 불평하러 온 적이 있었다.

"풀이라도 베어 줘야 할 거 아닌가."

인내심이 한계에 다다랐다는 표정이었다.

말은 짧았지만 이루 다 표현할 수 없는 의미가 깃들어 있다는 것은 기무라 씨도 잘 알고 있었다.

'무농약 재배 따위의 헛짓을 귀담아듣고 싶은 생각은 추호도 없다. 화가 났지만, 적어도 밭 손질은 하고 있으니 참아야 한다고 스스로를 타이르며 지금껏 아무 말도 안 했다. 그런데 너는 풀베기까지 손을 놓아 버렸다. 잡초는 제멋대로 자라고, 잔뜩 뿌려 댄 콩은 허리까지 치솟아 밭을 걸어갈 때도 숲을 헤치듯 지나가야 한다. 황폐한 산처럼 변한 밭에 온갖 벌레가 윙윙 날아다니지 않느냐. 이건 이미 밭이 아니다. 헛된 꿈에 사로잡혀 몇 년씩 사과 재배에 실패하든 가난에 찌들든 그건 네 맘이지만, 주위에 피해만은 끼치지 말아 달라. 다른 무엇보다 저 벌레들이 우리 밭으로 날아오면 어쩔 셈이냐.'

도저히 이제 더는 참을 수 없다는 뜻이었다.

1년 전이었다면 말다툼이 벌어졌을지도 모른다. 그러나 기무라 씨는 아무 말 없이 그의 이야기를 들었다. 그러고 나서 조용히 말했다.

"내일 저녁때쯤 다시 와줄 수 있습니까?"

다음 날 해가 질 무렵, 밭 주인은 기무라 씨와 나란히 밭 경계선에 서 있었다.

나방이 날아다녔다.

나방은 잎을 먹어 치워 밭을 황폐하게 만드는 해충의 어미다.

이웃 밭 주인은 믿을 수 없다는 표정을 짓고 있었다.

기무라 씨의 밭 밖으로 날아가는 벌레는 한 마리도 찾아볼 수 없었다. 아니, 오히려 무언가에 쫓기듯 옆의 밭에서 나방이 한 마리, 두 마리 기무라 씨의 밭으로 날아들었다.

　기무라 씨의 밭은 해충의 발생지가 아니라 오히려 해충이 모여드는 피난처였던 것이다. 벌레 입장이 되면 금방 이해 가는 일이다. 농약을 안 뿌린 밭이 살기 좋은 건 누구나 아는 일이다. 생각해 보면 너무 당연한 이야기였다.

　이웃 밭 주인에게는 농약을 쓰는 자기 밭에 나방이 그렇게 많았다는 사실 자체가 큰 충격이었던 것 같다.

　벌레를 없애는 건 애당초 불가능한 일이다. 그래서 매년 농약을 뿌리지만, 그렇다 해도 현실을 두 눈으로 똑똑히 확인한 충격은 적지 않았을 것이다. 그 후로 두 번 다시 불평하러 오는 일이 없었을 뿐만 아니라 근처 농가에 그 이야기를 퍼뜨렸다.

　그것은 기무라 씨가 단순히 이상한 사람이 아니라, 적어도 뭔가를 하고 있다는 걸 깨달았기 때문이었다. 밭을 둘러보니 여기저기 깊은 구덩이가 파여 있었다. 땅속 온도를 재는 거라고 했다. 기무라 씨는 산 흙과 밭 흙의 온도가 다르다는 이야기부터 시작해서 왜 잡초를 제멋대로 자라게 놔두는지에 대해 열심히 설명했다.

　"학자도 아닌 주제에."

　사람들은 비아냥거리는 말을 던지긴 했지만, 속으로는 감탄했던 것 같다. 사과 뿌리가 흙 속에서 어떤 상태로 뻗어 있는지에 관해서는 지금껏 생각해 본 적도 없었기 때문이다. 적어도 기무라 씨가 아무 근거 없이 잡초를 방치한 건 아니었음을 인정하지 않을 수 없었다. 기분 탓인지는 모르지만, 그 말을 듣고 보니 사과 잎이 예전보다 건강해진 것처럼 보였다.

게다가 사과는 그렇다 치고, 기무라 씨가 사과 밭 안에서 재배하는 채소는 더할 나위 없이 훌륭했다. 토마토 같은 건 줄기가 3미터 가까이 자랐고, 놀라울 정도로 주렁주렁 열매를 맺었다. 사과나무보다 더 큰 토마토는 본 적이 없었다. 기무라는 분명 별난 사람일지 모르지만, 농업의 재능은 인정해 줘도 좋지 않을까.

물론 덮어놓고 기무라 씨를 인정한 건 아니었다. 어쨌거나 그의 밭은 변함없이 벌레투성이였기 때문이다. 하지만 그 벌레가 자기 밭에 해를 끼치지 않는다면 기무라 씨의 노력을 좀 더 지켜봐도 괜찮을 듯싶었다.

기무라 씨를 바라보는 주위 사람들의 눈이 조금씩 변하기 시작했다.

이쯤에서 독자들에게 미리 밝혀 두어야 할 사항이 있다.

그날 저녁 이야기는 기무라 씨의 취재에만 근거한 것이다. "풀이라도 베어 줘야 할 거 아닌가"라고 기무라 씨에게 따지러 온 이웃 농가는 취재하지 않았다. 그 사람이 누구인지 기무라 씨가 밝히려 하지 않았기 때문이다.

물론 기무라 씨의 네 군데 밭에 인접해 있는 밭 주인의 얘기를 모두 들어 보면 알아낼 수 있겠지만, 그렇게까지 하고 싶지는 않았다.

왜냐하면 이미 20년도 더 지난 일이고, 당시 열심히 일했던 농가 대부분이 세대가 바뀌었다는 이유도 있다. 그러나 무엇보다 자기 때문에 이웃 밭 주인에게 더 이상 폐를 끼치고 싶어 하지 않는 기무라 씨의 마음이 절절하게 전해졌기 때문이다.

따라서 여기에 쓴 이야기는 어디까지나 기무라 씨의 주관적인 기억일 뿐이다. 그리고 기무라 씨만 해도 하루 종일 자기 밭의 경계선에 서서 나방이 어디에서 와서 어디로 가는지 관찰했던 건 아니다. 기무라 씨의 밭에서 생긴 해충이 이웃 밭으로 한 마리도 날아가지 않았다고 단언할 수도 없다. 때문에 기무라 씨에게 따지러 왔던 밭 주인이 진심으로 기무라 씨의 말을 받아들였는지 어떤지 사실 여부는 알 수 없다. 지금도 쓰가루 지방의 사과 농가 전체가 기무라 씨를 인정하는 건 아니다. 아니, 오히려 기무라 씨에게 부정적인 농가도 많을지 모른다.

농약을 안 쓰고 사과를 기른다는 시도 자체를 자신들의 사과 재배 방식을 부정하는 행위라고 받아들일 것이다. 기무라 씨가 영웅시되면 될수록 농약을 안 쓰고도 사과를 기를 수 있는데 왜 농약을 쓰느냐고 비난받는 듯한 기분이 드는 사과 농가의 심정을 헤아리면 충분히 이해가 긴다.

그러나 기무라 씨 본인에게 그런 마음은 조금도 없었다. 그는 다만 자기 사과나무는 농약을 안 쓰고 기르려 했던 것뿐이다. 그리고 그로 인해 주위 밭에 피해를 끼치는 걸 가장 두려워했다. 새벽부터 해가 질 때까지 온종일 손으로 해충을 잡은 가장 큰 이유도 거기에 있었다.

그런 기무라 씨의 모습을 가까이서 지켜봤던 한 젊은이가 기무라 씨를 이해하는 사람 중 하나가 되었다. 그가 바로 다케야 마코토竹谷誠다. 아버지인 다케야 긴조竹谷銀三의 사과 밭은 이와키 산기슭에 있는 기무라 씨의 밭에 인접해 있었다. 그 지역 농업 고등학교를 졸업한 마코토 씨가 아버지의 밭일을 도울 무렵, 기무라 씨의 밭에서는 여전히 해마다 철 지난 미친 꽃이 피었다고 하니 아주 초기 단계부터 그의 모습을 지켜본 셈이다. 물론 병이나 해충이 엄청나 손을 못 쓸 지경이 된 상황도 잘 알고 있었다.

나이가 어렸기 때문에 그 일로 기무라 씨에게 뭐라고 따진 기억은 없지만, 당시 어른들이 어떤 눈빛으로 기무라 씨를 보는지는 충분히 짐작이 갔다고 다케야 마코토 씨는 말했다.

"요즘은 농약 살포 기술이 발달해서 설령 이웃 밭에 병충해가 늘어도 그렇게 신경질적으로 반응하진 않을 겁니다. 적당한 시기에 적당한 농약이나 살충제만 뿌려 주면 사과나무가 해충이나 병으로 피해를 입는 일은 없으니까요. 그러나 20년쯤 전인 그 무렵에는 기술이 아직 그만큼 발전하지 못했죠. 전후戰後의 새로운 농약을 쓰게 된 때부터 기껏해야 40년밖에 안 지났으니까요. 농약을 뿌려도 해충의 피해를 입는 일이 적지 않았습니다. 어쩌면 기술이 미숙해서 그렇게 된지도 모르지만, 그걸 기무라 씨 밭 탓으로 돌리는 사람이 있다 해도 이상한 일은 아니었죠. 다만 옆에서 줄곧 지켜본 사람으로서 할 수 있는 말은 실제로 기무라 씨의 밭에서 해충이 날아와 곤란을 겪은 기억은 적어도 우리 밭에는 없다는 겁니다. 그보다도 그렇게 심각한 상태였던 밭이 점점 좋아지는 게 너무 신기했습니다. 기무라 씨가 농약을 안 쓴 것은 옆에서 지켜본 우리가 가장 잘 알고 있었기 때문입니다. '저 사람, 대단한 일을 해내는 거 아니냐'며 아버지를 포함해 주위 농가에서도 기무라 씨를 바라보는 시선이 달라졌습니다. 그 밭의 상태를 보면서 조금씩 변해 갔던 것 같습니다. 얘기를 전해 들은 게 아니라 자기들 눈으로 직접 봤으니까요. 기무라 씨의 밭을 두 눈으로 직접 보면 사과 농가는 누구나 똑같은 기분이 들 겁니다."

주위 농가에서 기무라 씨에게 보내는 시선이 미묘하게 변화하는 것과 보조라도 맞추듯 기무라 씨가 해충을 바라보는 시선에도 변화가 생겼다. 잎을 황폐하게 만드는 얄미운 적이라고만 여겼을 때는 보이지 않았던 것이 조금씩 눈에 보이기 시작했던 것이다.

"으음, 어느 날 문득 벌레를 잡다가 요 녀석은 어떻게 생겼을까 싶더라고. 그래서 집에서 돋보기를 가져다가 찬찬히 들여다봤지. 그랬더니 이게 말이야, 엄청나게 귀여운 거라. 그런 걸 티 없이 맑고 고운 눈동자라고 하나, 커다란 눈으로 말끄러미 나를 바라보는 거야. 그 모습을 보고 나니까 미워할 수가 없더라고. 내가 워낙 구제 불능 바보라서 그만 못 죽이고 잎으로 다시 돌려보냈어. 나한테는 얄밉기 그지없는 적인데 말이지. 줄곧 해충이라며 미워했는데 자세히 보니 너무 귀여웠어. 자연이란 참 재미있다는 생각이 들어서 이번에는 익충 얼굴을 관찰했지. 해충을 먹어 치우는 고마운 벌레잖아. 그런데 이게 아주 무섭게 생긴 거야. 풀잠자리 같은 건 흡사 영화에 나오는 괴수더라니까. 아하, 이런 거구나 싶더군. 인간은 자기 사정에 따라 해충이니 익충이니들 하고 나누지만, 잎을 먹는 벌레는 초식 동물이라 평화로운 얼굴을 하고 있었지. 그런데 그 벌레들을 잡아먹는 익충은 육식 동물이잖아, 얼굴이 사나운 게 당연하지. 그렇게 매일 벌레를 잡아 대면서 벌레에 관한 건 아무것도 몰랐던 거야. 사과나무에는 수많은 벌레가 알을 낳지만, 생각해 보니 그 알에서 어떤 벌레가 부화되는지도 몰랐고, 그 벌레가 어떤 성충이 되는지도 몰랐다는 생각이 들더군. 그때부터 조금씩 벌레를 관찰하기 시작했어. 어떤 식으로 잎을 먹는지 온종일 바라보기도 했어. 전에는 알을 발견하면 모조리 잡아 버렸는데, 그다음부터는 조금씩 남겨 뒀다 매일 기록을 남기기도 했고. 벌레를 잡아다가 집에서 키워 본 적도 있지. 그러다가 크게 낭패를 본 일도 있었어. 깜박하고 며칠 신경을 안 쓴 사이에 벌레가 모두 나방으로 변해 버려서 방 안이 온통 나방 천지가 된 거라. 아하하하, 관찰은 고사하고 난리도 아니었어. 그런데 같은 종류의 나방이라도 수컷과 암컷은 나는 방법이 다르더라고. 난 그런 것조차 몰랐지. 벌레의 세계는 정말 불가사의해. 예를 들면 나뭇가지에 붙어 있는 해충의 알은 나뭇가지 빛깔을 띠지. 보호색 말이야. 그건 대체로 지름이 5밀리미터 되는 덩어리인데, 그 덩어리 하나에 50개가 넘는 알이 들어 있어. 그런데 말이야, 그 알 덩어리에서 10센티미터쯤 떨어진 곳에 낳아 놓은 다른 알 두 개가 있었어. 그건 무당벌레 알이야. 해충이 부화하는 걸 익충이 기다리는 셈이지. 그렇지만 해충이라 해서 그냥 손 놓고 잡아먹히진 않겠지. 50개 알들이 한꺼번에 부화하지는 않아. 일단 반만 부화해서 사과 잎을 먹으러 가. 그리고 그 벌레들이 1센티미터 크기로 자랐을 무렵, 나머지 절반이 부화해. 무당벌레는 바로 그 타이밍에 부화하는 거라. 갓 부화해서 자기도 작으니까 나중에 부화한 절반의 해충을 먹고 성장하지. 먼저 부화한 절반은 그사이 잎을 갉아 먹으며 자라서 살아남는 거야. 다시 말해 나중에 부화한 절반은 무당벌레의 밥으로 태어나는 셈이지. 먼저 부화한 절반을 살리기 위한 희생양으로 태어나는 거야. 그걸 보면 깜짝 놀랄 수밖에 없어. 벌레들은 대체 어떤 세계에서 살아가나 싶지. 도대체 누가 그런 프로그램을 만들었을까, 말할 수 없이 신비로워. 난 날이 갈수록 자연이란 정말 잘 만들어졌구나 절실하게 느껴. 과장된 말일지도 모르지만, 지구가 존재하는 것도 그런 작은 벌레들 덕분일지 모른다는 생각이 들 정도로 말이야."

자연 속에서는 해충도 익충도 없다. 기무라 씨는 너무나 당연한 그 진리에 눈을 뜬 것이다. 인간이 해충이라 부르는 벌레가 있기 때문에 익충도 살아갈 수 있다. 먹는 자와 먹히는 자가 있기 때문에 자연의 균형은 유지된다. 거기에 선악은 없다. 병이나 벌레의 극심한 창궐만 하더라도 균형을 회복하려는 자연의 활동이 아니던가.

숲 속 토양의 풍요로움을 깨닫고 잡초를 그냥 자라게 내버려 둔 후로 사과나무는 서서히 건강을 회복했다. 밭의 지하에서는 사과 뿌리가 순조롭게 뻗어 갈 것이다. 흔들거리는 나무도 눈에 띄게 줄어들었다. 그렇다고 해서 벌레가 없어진 것도 아니고, 병을 불러일으키는 곰팡이나 균 종류가 줄어든 것도 아니었다. 자연스러우냐 부자연스러우냐를 따지자면, 캅카스 산맥 태생의 사과나무가 그곳에 있다는 것 자체가 애당초 부자연스러운 일이었다.

도토리나무가 숲 속에 있었던 것은 자연이 그 나무를 받아들였기 때문이다. 그해 내린 비의 양, 습도와 온도, 혹은 주위 식물과의 관계⋯⋯. 그런 모든 조건들이 땅에 떨어진 도토리와 맞았기 때문에 그곳에서 자랄 수 있었던 것이다. 도토리나무를 선택한 것은 자연이고, 자연이 필요로 했기 때문에 그곳에 있는 것이다. 그 관계가 변하면 도토리나무는 조용히 말라 갈 뿐이다.

그러나 사과나무는 다르다. 사과나무를 심은 것은 인간이고, 사과나무를 필요로 하는 것도 인간이다. 자연의 섭리에 따른다면, 틀림없이 말라 갈 수밖에 없을 것이다. 그 사과나무를 어떻게든 살리려 드는 것은 인간의 사정이다.

그것이 농업이며, 농약을 쓰든 안 쓰든 그 사실에는 변함이 없다.

다시 말해 기무라 씨가 안고 있던 문제는 자연의 섭리와 인간의 사정 사이에서 어떻게 타협을 맺을 것이냐 하는 문제이기도 했다. 서로 타협되지 않은 부분이 벌레나 병으로 나타났던 것이다.

농약은 아주 간단히 그 문제를 해결한다. 벌레가 생기면 죽인다. 병이 만연하면 소독한다. 그 결과, 자연의 균형은 깊은 곳에서부터 상처입고 있었다. 산 흙과 밭 흙을 비교해 보니 너무나도 명백했다. 극단적인 표현을 쓰자면, 현대 농업은 자연의 균형을 파괴함으로써 성립하는 것이다.

그런 농약을 대신할 것을 찾아 헤매다가 기무라 씨는 실패했다. 그러나 실패하길 잘했다. 농약과 비슷한 정도로 벌레나 병에 효과가 있는 식품을 발견했다면, 설령 그것이 인간에게 아무리 무해한 것이라 해도 결국은 농약을 쓰는 것과 마찬가지인 셈이다. 도토리나무를 사과나무로 착각하는 일도 없었을 것이고, 흙의 소중함도 깨닫지 못했을 게 분명하다. 이와키 산에서 배운 것은 자연의 놀라운 복잡 미묘함이었다. 그 복잡 미묘한 상대와 쉽게 타협하려 했던 것 자체가 애당초 잘못이었다.

자연 속에는 해충도 익충도 없다. 어디 그뿐인가, 생물과 무생물의 경계조차 모호하다. 흙, 물, 공기, 햇빛과 바람. 생명이 없는 것과 세균이나 미생물, 곤충과 잡초, 수목에서 짐승에 이르기까지 그 모든 생명들이 복잡하게 얽히고설켜 자연은 만들어진다. 기무라 씨는 그런 자연 전체와 함께 가기로 마음먹었다. 자연이 짜내는 생태계라는 직물과 사과나무의 생명을 조화시키는 일이 자기에게 주어진 사명이라 여기면서…….

"농약을 안 쓴 뒤로 깨달은 게 있어. 농약을 쓸수록 사과나무가 병이나 벌레와 싸울 힘을 점점 잃어버린다는 거지. 약을 주는 게 잘못이야. 자동차만 타고 다니면 하반신이 약해지잖아. 똑같은 일이 벌어지는 거야. 그런데 말이야, 사과나무뿐만 아니라 농약을 쓰는 인간까지 병이나 벌레에 약해져. 병이나 벌레에 대해 잘 모르게 돼. 농약만 뿌리면 끝나니까 병이나 벌레를 자세히 살펴볼 필요가 없거든. 다른 사람 얘기가 아니라, 나부터가 그랬으니까. 해충 알은 보호색을 띤다고 했잖아. 조그만 데다 가지든 잎이든 알이 붙은 장소와 같은 색을 띠기 때문에 좀처럼 찾을 수가 없어. 게다가 어떤 알에서 어떤 벌레가 부화되는지 모르니 해충 알 옆에 있는 무당벌레 알까지 잡아 버릴 때도 있었지. 외려 무당벌레 알은 오렌지색을 띠기 때문에 금방 눈에 띄거든. 차분하게 벌레들을 바라보고 나서야 비로소 여러 가지 사실들을 알게 됐지."

예를 들면 어느 날 기무라 씨는 보호색으로 눈에 잘 안 띄는 해충 알이 하얗게 변하는 것을 알아차렸다. 예전의 기무라 씨라면 왜 그런지 생각도 해보기 전에 알을 뭉개 버렸을 것이다. 그러나 이젠 그러지 않았다. 매일매일 관찰해 보니 그사이 알이 부화해서 작은 유충이 나왔다. 하얗게 변색된 지 일주일째였다.

혹시나 해서 같은 종류의 알을 발견할 때마다 기록을 했다. 어느 알이나 똑같았다. 부화하기 일주일 전이 되면 그 알은 하얗게 변했다.

그 사실을 알고 나서는 해충 알 구제가 편해졌다. 변색될 때까지는 알이 절대 부화하지 않으므로 하얗게 변한 알만 잡으면 된다.

신기하게도 그 하얀 알을 나무껍질에서 긁어 떨어뜨리면 개미나 거미 등 땅에 있는 벌레들이 달려들어 흔적도 없이 먹어 치웠다. 마치 기무라 씨가 떨어뜨려 주기를 기다리고 있었던 것처럼 말이다.

그 하얀 덩어리가 알이고, 그 안에 부화를 코앞에 둔 유충이 들어 있다는 것을 개미나 거미는 어떻게 알았을까. 자신은 알이 하얗게 변하는 것 하나를 알아채는 데도 몇 년씩 걸렸는데 말이다. 무당벌레도 마찬가지다. 무당벌레도 알을 처음 낳을 테지만 해충 알이 어디 있는지 안다. 그렇지 않다면 자로 잰 듯 정확하게 해충 알 바로 옆에 알을 낳을 수는 없다.

생각해 보면 자연이란 참으로 불가사의한 것투성이다.

인간은 오랜 시간을 들여 열심히 관찰하지 않으면 갓 태어난 벌레만큼도 자연을 이해하지 못한다. 30년 넘도록 사과나무와 함께한 지금에 와서야 사과나무를 보기만 해도 벌레가 알을 낳을 만한 곳을 직감적으로 알게 되었다고 기무라 씨는 말한다.

직감에 따라 확인하면 바로 그 자리에 알이 있다.

보호색이든 조그맣든 해충 알은 기무라 씨의 눈을 속일 수가 없다. 혹시 그 자리에 없다면 그 나무에는 알이 없다는 뜻이다. 그렇게 단언할 수 있을 만큼 벌레를 이해하게 되었다.

묘한 표현이겠지만, 무당벌레에 뒤지지 않는 몇 안 되는 인간이 된 셈이다.

"하지만 그렇게 되기까지 오랜 세월이 걸렸지. 병에 대한 대책도 마찬가지야. 식초가 효과 있을 것 같아서 계속 쓰긴 했지만 효과는 안 나타났어. 그것 또한 봐야 할 곳을 보지 않았기 때문이지. 농약도 뿌리는 농도나 타이밍이 중요하지만, 식초 역시 그에 못지않게 중요해. 식초는 농약과 달리 곰팡이나 세균을 없애는 게 아니기 때문이지. 농업 관련 법률에서는 식초를 특정 농약이라 부르긴 하지만, 아무래도 농약과는 달라. 식초를 마시고 자살하려는 사람은 없잖아. 식초는 인간에게 건강식품이 될 만큼 살균력이 있지만, 아주 약해. 그 약한 살균력으로 사과나무가 본래 가지고 있는 병에 대한 저항력에 힘을 보태는 것뿐이야. 그러기 위해서는 세균이나 곰팡이의 생태를 잘 파악하고 미리 선수를 쳐야 해. 무턱대고 식초를 뿌려 봐야 소용없어. 그걸 몰랐던 거라. 나는 오로지 병만 보고, 그 병만 어떻게 해보려고 발버둥쳤던 거지."

병도 자연의 일부다.

이른 봄에 비가 많이 내리는 해가 있는가 하면, 장마에 기온이 오르지 않는 해도 있다. 자연이 매년 다른 얼굴을 보여 주듯 사과의 병도 그해 상황에 따라 발생하는 시기는 물론 방식도 다르다. 병과 기후는 밀접한 관계가 있다. 그 관계가 보이자, 식초도 마침내 효과를 나타내기 시작했다.

그해, 다시 말해 콩을 뿌리고 밭에 잡초를 자라게 놔둔 지 2년째에 밭 상태는 눈에 띄게 좋아졌다.

봄에 사과나무에 맺은 잎이 가을까지 떨어지지 않고 남은 것이다. 남은 잎은 전체의 3분의 1 정도였지만, 그래도 기무라 씨는 기뻐서 춤이라도 추고 싶은 심정이었다. 그때까지는 매년 여름이 되기도 전에 잎이 거의 다 떨어졌기 때문이었다.

물론 밭의 상태가 좋아진 것이 식초 때문만은 아니다.

밭 흙이 산 흙처럼 부드러워졌다. 사과가 뿌리를 내려, 사과나무가 건강해진 후에 식초가 효과를 보였을 것이다. 기무라 씨는 여러 조건들이 어우러져 나타난 결과라고 생각했다.

아무 생각 없이 식초만 뿌렸다면 그런 결과는 절대 나오지 않았을 것이다. 과장되게 표현하자면, 자연 전체를 이해한 후에야 비로소 식초가 효과를 발휘한 것이다.

"하긴 뭐, 지금에 와서야 분명히 알게 된 거지만 말이야. 올해 장마는 언제쯤 시작될 거 같다거나 여름 기온이 올라가지 않을 것 같다거나 혹은 주말부터 비가 올 것 같다거나…… 그런 걸 알면 병의 발생 시기를 예측할 수 있지. 곰팡이나 세균의 활동이 활발해지기 직전에 식초를 뿌리면 상당한 효과를 거둘 수 있거든. 일기 예보는 안 맞을 때가 있으니까, 내 힘으로 기후를 읽을 수 있어야 하지만 말이야. 적어도 일기 예보보다는 정확해야 헤. 농약과 식초의 차이는 바로 그거야. 마치 폭탄과 칼 같다고나 할까. 양쪽 다 사람을 죽이는 도구지만, 폭탄은 누구든 버튼 하나로 간단히 몇천 명을 죽일 수 있지. 그러나 칼은 달라. 검술 수업을 받지 않으면, 한 사람 죽이기도 힘들어. 쓰는 법을 모르면 단순한 장식품에 불과하지. 아하하하, 예로 들기엔 좀 그런가. 결론적으로 말하자면, 식초 효과를 얻는 데는 인간의 경험이나 능력이 필요하다는 거야. 반대로 말하면, 자연을 알수록 식초 효과가 높아진다는 얘기지. 가을까지 잎이 3분의 1 남았다고 해도 주위 밭과 비교하면 빈약하기 이를 데 없었어. 잎이 안 떨어지는 게 당연했으니까. 가까스로 나무에 붙어 있는 잎을 바라보니, '자연을 좀 더 찬찬히 들여다봐라, 손을 더 움직여라'라고 사과나무가 말하는 것 같더군."

똑같은 농도의 식초를 계속 살포하면 곰팡이나 세균에 내성이 생겨 효과가 없다. 이를 막기 위해 식초 농도를 미묘하게 변화시켜 사용하는 기술을 기무라 씨는 터득했다. 그때까지 사용했던 식초보다 산도가 높은 양조 식초도 손에 넣었다.

사과나무 자체가 건강해졌기 때문에 식초가 효과를 발휘한 건 틀림없다. 그러나 기무라 씨의 식초 사용 기술이 향상된 것도 사실이다. 비록 3분의 1밖에 안 됐지만, 가을까지 잎이 남은 것은 기무라 씨의 말처럼 여러 가지 요인들이 합친 결과였다.

자연계 현상은 실험실에서 일어나는 것처럼 단 하나의 원인으로 생겨나는 게 아니다. 사람 눈에는 사소한 변화일지라도 그 뒤에는 얽히고설킨 무수한 원인들이 숨어 있다. 작은 파도가 겹쳐 큰 파도가 되듯이 그 무수한 작은 변화들이 합쳐서 때로는 상상도 못 할 큰 변화를 일으킨다.

빈약하긴 했지만, 가까스로 살아남은 잎 3분의 1은 사과나무에 적지 않은 변화를 일으켰다.

이듬해 이른 봄에는 새 우듬지, 즉 새 가지가 10센티미터쯤 자랐다.

몇 년씩 성장을 멈췄던 사과나무가 다시 자라기 시작한 것이다.

그리고 밭 입구에 있는 나무 한 그루가 꽃을 피웠다.

꽃이 피었다 해도 주의를 기울이지 않으면 그냥 지나칠 정도였다.

무농약을 시작했을 무렵에는 8백 그루였던 사과나무가 절반 가까이 말라 있었다. 4백 그루 남짓한 사과나무 중 단 한 그루가 일곱 개의 꽃을 피운 데 지나지 않았다.

그래도 자기 밭에 핀 꽃을 보는 건 정말 오랜만이었다. 콩을 뿌린 지 3년째, 모든 밭에서 농약 사용을 멈춘 뒤로 헤아려 보면 8년째 맞는 봄이었다.

밭에 핀 일곱 송이의 꽃.

그 일곱 개 중 두 개가 열매를 맺었다.

그 사과는 신위를 모셔 둔 선반에 올렸다가 가족이 다 함께 나눠 먹었다. 놀라울 정도로 맛이 좋았다. 사과는 철들기 전부터 줄곧 먹어 왔지만, 이렇게 맛있는 사과는 처음이라는 생각이 들었다.

하지만 그 맛이 기분 탓만은 아니었을 것이다.

어찌 되었든 나무 한 그루의 사과나무 잎들이 만든 양분이 단 두 개의 열매에 다 모였기 때문이다. 맛없을 이유가 없었다.

그해 늦가을이 되어 낙엽이 질 때까지 사과나무는 3분의 2 이상의 잎이 남았다.

기무라 씨의 길고 긴 고투가 마침내 끝을 향해 가고 있었다.

7
자연, 사과나무, 인간의 합작품

1991년 가을, 태풍이 아오모리 현을 휩쓸어 사과 농가들이 치명적인 피해를 입은 일이 있었다. 사과가 거의 다 떨어졌을 뿐 아니라, 사과나무까지 바람에 넘어가는 피해를 입었다. 아오모리 현 내의 사과 피해액만 해도 742억 엔을 넘어섰다.
그런데 기무라 씨의 밭 피해는 아주 가벼웠다. 다른 밭에서 뽑힌 사과나무가 날아올 정도로 거센 바람이 불었는데도 80퍼센트 이상의 열매가 가지에 남았던 것이다. 사과나무는 꿈쩍도 하지 않았다.
뿌리가 보통 사과나무보다 몇 배 깊이 뻗어 있다는 이유뿐만은 아니었다. 무농약 재배를 해오면서 기무라 씨가 발견한 것이 있다.

9년 만에 만개한 사과 꽃

맨 처음 그 광경을 본 사람은 옆 사과 밭의 주인인 다케야 긴조 씨였다. 자기 일도 아닌데 무심코 탄성을 내질렀다.

'저 친구, 마침내 해냈군.'

축하라도 한마디 건네고 싶어 기무라 씨를 찾았다.

그런데 아무리 밭을 둘러봐도 인기척이 없었다.

밭을 다 뒤져도 기무라 씨의 모습은 보이지 않았다.

'한심하긴, 이런 중요한 순간에 대체 어디서 뭘 하고 있단 말인가.'

벌레니 잡초니 늘 짜증만 나게 했던 사람이라 그랬는지 그 순간에도 반사적으로 버럭 화가 났다. 그러나 이내 생각을 고쳤다.

'아직 모르고 있는 게 틀림없어. 가서 알려 줘야지.'

이리저리 찾아 헤매다 마침내 논에서 그를 발견했다. 기무라 씨는 남에게 빌린 논에서 일하고 있었다.

"어이 기무라, 밭에 가봤나?"

"어느 밭 말이오?"

"어느 밭이긴, 사과 밭이지."

역시나 고개를 가로저었다.

"꽃이 피었어, 이 사람아."

그렇게 말해 주는데도 멍하니 서 있을 뿐이었다. 꿀 먹은 벙어리 표정이란 바로 그런 걸 두고 하는 말일 것이다.

"이와키 산자락에 있는 자네 사과 밭에 꽃이 피었다니까! 뭐 해, 얼른 가보지 않고!"

그러나 기쁘지 않느냐고 어깨를 흔들고 싶을 만큼 기무라 씨의 반응은 답답하고 굼떴다. 논두렁에 세워 둔 모터 자전거에 올라타서도 곧바로 출발하지 못했다. 고물상에서 사왔다는 자전거였다. 몇 번이나 밟으며 용을 쓴 후에야 간신히 엔진이 돌아가기 시작했다.

탓탓탓타 하는 50시시 엔진 소리가 서서히 멀어져 갔다. 쓴웃음을 머금고 바라보고 있으니 엔진 소리가 변했다. 있는 힘껏 액셀러레이터를 밟은 모양이다. 기무라 씨가 등을 동그랗게 말고 산길을 죽어라 내달리는 모습이 보였다.

자갈길인 농로로 두 사람을 실은 모터 자전거가 달려갔다. 핸들은 남편이 쥐고 짐칸에는 아내가 앉아 있었다. 불법 행위였지만, 두 사람에겐 그런 걸 따질 여유가 없어 보였다. 아직 보이지도 않는데 목이 빠져라 자기네 밭 쪽만 쳐다보고 있었다.

그토록 간절하게 달려갔으면서도 밭이 나오기 한참 전에 남편이 자전거를 세웠다. 농로를 그대로 따라 올라가면 자기들 밭이었지만, 마치 무서운 것이라도 기다리는 양, 앞에 있는 남의 밭에서부터 밭길을 따라 머뭇머뭇 다가갔다. 그 모습이 합격 발표를 보러 가는 수험생 같았다. 이웃 밭의 농기구 창고에 도착하자, 창고 뒤에서 고개만 살짝 내밀었다.

하얀 꽃이 보였다. 밭 한가득 하얀 사과 꽃이 피어 있었다.

몇 년 동안이나 꽃을 피우지 않던 사과나무들이 일제히 꽃을 피우고 있었다.

사람이 정말 감동하면 말도 표정도 잃어버리는 모양이다. 두 사람은 말 한마디 못 하고, 그 자리에 못 박힌 듯 한참을 우두커니 서 있었다.

봄이라 해도 이와키 산기슭에 불어오는 바람은 아직 차가웠다. 그 찬 바람 때문이었을까, 남편의 눈에도 아내의 눈에도 어렴풋이 눈물이 어려 있었다.

9년 만에 보는 사과 꽃구경은 눈물에 젖어 있었다.

"왜 그런지 제대로 볼 수가 없는 거야. 본다기보다 그 창고에서 엿보는 느낌이었지. 나도 자신은 있었어. 한 해 전에 일곱 개뿐이긴 했지만, 꽃이 피는 걸 봤으니까. 이른 봄에 꽃망울 상태도 봤고, 올해야말로 제대로 피어 줄 거라는 마음도 있었지. 그래서 기대하면서도, 한편으로는 사과나무가 아직 날 용서하지 않았을지도 모른다는 생각이 마음 한구석에 있었지. 뭐 하긴, 몇 년씩이나 꽃을 못 봤으니, 꽃이 안 피는 게 당연한 일이 된 셈이지. 꽃이 핀 모습을 보면서도 옆의 밭이 아닐까 의심이 갈 정도였어. 그런데 아무리 봐도 우리 밭이더라고. 모든 나무에 꽃이 피었지. 정말이지 그때는 그냥, 그냥 무조건 기뻤어. 그때를 떠올리면 지금도 눈물이 나. 벌써 20년도 더 지난 옛일인데 말이야. 집으로 돌아와서 아버지와 어머니께 말씀드렸더니 아침나절에 가서 보셨다며 꽃핀 걸 알고 계시더라고. 아하하, 나랑 아내만 몰랐던 거야. 그래서 오후에 나 혼자 또 보러 갔지. 그날은 몇 번을 보러 갔는지 몰라. 저녁에 축하하려고 술을 들고 가서 사과나무 한 그루 한 그루에 부어 줬어. 나무뿌리 밑동을 돌며 조금씩 뿌렸지. '고맙다, 꽃을 피워 줘서 고맙다' 하면서. 응, 그야 물론 나도 마셨지. 아하하하, 내가 마신 게 더 많았나. 어쨌든 그렇게 기분 좋은 꽃구경은 그 후에도 그전에도 없었어. 술을 마시고 사과나무 아래 드러누워 한없이 꽃을 올려다봤지. 사과 꽃이 이토록 아름다웠나 하는 생각이 들더군. 벚꽃이랑 비슷하지만, 사과 꽃은 위를 향해 피어. 벚꽃은 꽃구경하는 사람들을 향해 아래쪽으로 피잖아. 그런데 사과 꽃은 인간은 안중에도 없이 위를 향해 피거든. 좀 뻐기는 거지."

그렇게 말하며 기무라 씨는 진심에서 우러나는 유쾌한 웃음을 웃어 젖혔다.

9년 만에 꽃이 핀 그날 이야기는 몇 번을 들었다. 20년 가까운 옛이야기인데도 기무라 씨는 늘 어제 일처럼 마냥 신이 나서 얘기한다. 그날이 그의 인생에 하나의 클라이맥스였던 것은 분명하다.

그 클라이맥스는 또한 그의 삶의 전환점이기도 했다.

기무라 씨와 사과의 관계가 그날을 경계로 변했던 것이다.

그것은 깨달음이라 불러도 좋을 만한 체험이었고, 기무라 씨가 경험한 숱한 일 중에서도 본질적인 의미에서 볼 때 가장 중요한 사건이었다.

"인간이 할 수 있는 일이라는 건 그렇게 대단한 게 아니야. 모두들 내가 열심히 노력했다고 말하지만, 실은 내가 아니야. 사과나무가 힘을 낸 거지. 이건 겸손이 아니야. 진심으로 그렇게 생각해. 인간이 제아무리 애를 써본들 자기 힘으로는 사과 꽃 하나 못 피워. 손끝이든 발끝이든 사과 꽃을 피울 순 없지. 그거야 당연한 거 아니냐고 생각할지도 모르지. 하지만 그렇게 생각하는 사람은 그것의 진정한 의미를 모르는 거야. 온 밭 가득 활짝 핀 꽃을 보고 난 그걸 절실히 깨달았어. 저 꽃을 피운 건 내가 아니라 사과나무라는 걸 말이지. 주인공은 인간이 아니라 사과나무였다는 걸 뼈저리게 깨달았지. 내가 할 수 있는 일은 사과나무를 돕는 것 정도야. 실패에 실패를 거듭하면서 간신히 그걸 깨달았지. 그걸 알아채기까지 정말 오랜 시간이 걸렸어."

이게 정말 사과요?

그해 가을, 기무라 씨는 탁구공만 한 크기의 사과를 산더미처럼 수확했다.

사과 열매를 크게 만들려면 꽃을 솎아 내어 열매 수를 적절히 줄여 주는 꽃따기 작업이 필수다. 그 꽃따기 작업을 어중간하게 해버린 것이다.

사과 꽃은 한 송이에 꽃이 다섯 개 핀다. 그중 네 개를 따고 한 송이에 꽃 하나만 남기다 거기까지는 했지만, 그것만으로는 아직 부족하다. 나무 상태를 고려해 나무 한 그루에 열매를 어느 정도 맺게 할지 결정해서 꽃을 더 따는 작업이 필요하다. 한데 그것까지는 도저히 할 수 없었다.

9년 만에 핀 꽃이었다. 꿈에까지 나타난 사과 꽃이었다. 아까운 마음에 꽃을 따는 손이 떨렸다.

꽃을 솎아 내지 않으면 열매가 크지 않는다. 잘 아는 사실이었지만 어쩔 수 없었다.

그러나 꽃따기를 완벽하게 하지 않은 데는 그런 심리적인 문제뿐만 아니라, 병과 벌레 때문에 오랫동안 고통받아 온 기무라 씨 나름의 이유도 있었다.

꽃이 피고 열매가 맺었다고 해서 마냥 기뻐할 일은 아니었다. 식초가 효과를 보인 후로 병의 발생은 상당히 억제되었다. 하지만 병을 완전히 억제할 수 있는 건 아니었다. 게다가 해충 수도 여전했다. 오히려 전체적으로 보면 잎이 건강해진 만큼 해충도 늘어났을 정도였다.

예를 들면 잎말이나방은 잎뿐만 아니라 꽃의 암술과 수술도 먹는다. 여전히 손으로 벌레를 잡았지만, 해충이 식물의 잎이나 줄기 따위를 갉아 먹는 일을 막아 낼 순 없었다. 잎말이나방이 먹어 치우는 꽃도 있게 마련이다. 게다가 열매 자체가 벌레나 병의 피해를 입는 비율도 생각해 둘 필요가 있었다. 검은별무늬병은 열매 껍질에도 발생하고, 사과 꼭지만 끊어서 열매를 떨어뜨리는 희한한 벌레도 있다. 농약을 쓰는 밭에서도 남긴 꽃만큼 수확을 모두 하는 건 아니다. 수확률이라는 게 있는 법인데, 하물며 농약을 안 쓰는 기무라 씨 밭의 수확률은 상당히 낮을 게 뻔했다.

하지만 그 수확률이 어느 정도나 될지 가늠하기조차 어려웠다. 무농약, 무비료 사과 밭에서 처음으로 활짝 핀 꽃이다. 꽃따기는 최소한으로 줄이고, 열매가 가을까지 어느 정도나 남는지 살펴보기로 했다.

그런데 예상했던 것만큼 벌레나 병의 피해는 크지 않았다. 꽃이 피었다는 기쁨에 기무라 씨 가족이 그 어느 때보다 열심히 벌레 잡기 작업을 한 덕분인지도 모르지만, 사과나무 상태가 병충해를 능가할 수 있게 되었다.

기무라 씨의 예상보다 수확률이 훨씬 높았고, 가을에 접어들어서도 사과나무에는 많은 열매가 달려 있었다. 그런데 많은 열매로 영양이 분산되는 바람에 사과는 탁구공만 한 크기밖에 안 자랐던 것이다.

당연히 그렇게 작은 사과를 사줄 소비자는 한정될 수밖에 없다.

결국 가공용 사과 중개인에게 넘기기로 했다. 크기는 작아도 당도가 높았기 때문에 사과 주스 원료로 쓸 수 있었다. 수확용 나무 상자에 가득 채우면, 보통 사과는 기껏해야 70개밖에 안 들어갔지만, 그해 수확한 기무라 씨의 사과는 무려 260개나 들어갔다.

중개업자의 플라스틱 상자에 넣었을 때 사과가 상자 틈 사이로 쏙쏙 빠졌다는 걸 보면 어지간히 작았던 모양이다. 한 상자에 사과 20킬로그램을 채워 주고 받는 돈은 160엔. 찌꺼기 사과 취급을 받았다. 밭의 수확물을 다 합해도 수입은 만 엔이 채 되지 않았다.

"계속 사과가 안 열렸기 때문에 수확한 것만으로도 말할 수 없이 기뻤어. 그러나 냉정하게 생각해 보면 그것만으로는 아무 의미가 없지. 수확한 사과를 팔아서 생활해 나갈 수 없으면 그림의 떡일 뿐이야. 이듬해 꽃따기를 제대로 해줬더니 사과가 조금 커지긴 했지만, 농약을 써서 키운 사과와는 비교할 수가 없었지. 밭 상태가 아직 안정되지 않았던 거야. '이게 사과요?'라며 사람들이 깜짝 놀라 물을 정도였으니까. 여기저기 시장에 들고 가봤지만, 눈길도 안 주더군. 어떻게든 사과를 팔 방법이 없을까 고민했어. 밥벌이가 되어야 무농약 사과도 키울 수 있는 거잖아. 생활이 안 되면 아무도 흉내 낼 생각을 안 할 테니까. 자기만족으로 끝내 버릴 순 없지. 실은 사과를 얻기 전부터 그런 생각을 했어. 아무래도 손님에게 직접 파는 게 가장 좋은 방법 같더군. 슈퍼에서는 겉보기 좋은 사과만 진열해. 그렇지만 크기가 제각각이고 겉모양이 안 예뻐도 무농약 사과를 먹고 싶어 하는 손님은 분명 있을 거다. 어떻게 하면 그런 손님들에게 우리 사과를 전해 줄 수 있을까. 그 방법을 모르겠는 거야. 그래서 사과를 수확한 지 2년째인가 3년째에 무작정 오사카大阪로 갔어. 왜 오사카냐고? 음식은 오사카라는 말이 있잖아. 오사카 사람이라면 진품의 맛을 알아줄 것 같았지. 웃지 마. 난 진지했으니까. 아무튼 오사카로 가서 길거리든 어디든 사과를 펼쳐 놓고 팔아 볼 심산이었지. 기댈 곳도 아무런 희망도 없었지만 말이야. 아하하하, 그런 게 바로 될 대로 되라는 심정이겠지."

히로사키발 오사카행 열차는 이른 아침 오사카 역에 도착했다.

사과는 미리 보내 놓은 터였다. 오사카에 아는 사람이 없었기 때문에 수취인을 기무라 아키노리라고 쓴 뒤 오사카 역으로 사과 상자를 보낸 것이다.

도리에 어긋난 엉뚱한 행동이었지만, 물론 그에게 그런 상식은 통하지 않았다.

기무라 씨가 역무실에 찾아가 자신의 사과가 어디 있냐고 묻자, 역무원이 도끼눈을 뜨며 화부터 냈다.

"그 사과, 당신이 부쳤소?"

역무원 뒤를 따라가니 출근 시간 러시로 혼잡한 역 한구석에 사과 상자가 높이 쌓여 있었다.

"이런 짓을 하면 어떡합니까!"

역무원은 노발대발했다.

"저는 아오모리에서 사과를 키웁니다. 그런데 이건 무농약 무비료로 재배한……."

역무원은 얘기를 듣는 둥 마는 둥 했지만, 그래도 기무라 씨가 머뭇머뭇 건네는 사과를 받아 주었다. 사과라고 하기엔 너무 작았다. 어쩌면 그 조그만 크기에 흥미가 끌렸는지도 모른다. 역무원이 껍질째 사과를 베어 물었다. 무농약이라는 말만은 흘려듣지 않았던 모양이다. 사과를 베어 물지미지 표정이 부드러워졌다.

조금 전까지 화를 내던 역무원이 웃고 있었다.

"그건 그렇고, 대체 저 사과는 어쩔 작정이오?"

"혹시 가능하다면……."

기무라 씨가 역 한쪽에서 팔면 안 되겠냐는 말을 어렵게 꺼냈다. 역무원의 미소에 용기를 얻었는지도 모른다. 역무원은 고개를 저었다. 아무래도 그건 무리한 부탁이었다. 뜬금없이 짐을 보내 놓고, 이젠 역에서 팔게 해달라니……. 그런 부탁을 다 받아 줬다간 오사카 역이 장사꾼으로 넘쳐 날 거라고 역무원이 말했다.

기무라 씨는 힘없이 어깨를 내려뜨렸다. 거기까지 가서야 달리 기댈 곳이 없음을 새삼 실감했던 것이다. 이미 1990년대에 들어서 버블 시기를 지난 오사카도 크게 변화하고 있었다. 거리에는 초고층 빌딩이 늘어서고, 최첨단 브랜드와 패션으로 치장한 사람들이 오가고 있었다. 자기 혼자만 쇼와昭和 30년대에서 타임머신을 타고 온 기분이 들었다.

그렇게 혼잡하고 냉담한 도시 어디에 사과를 펼쳐 놓고 팔게 해줄 곳이 있단 말인가.

어느 틈에 호기심 강한 오사카 사람들이 모여들어 울타리를 만들었다. 높이 쌓인 사과 상자 앞에서 고개를 숙이고 있는 남자와 작은 사과를 베어 먹다 말고 한 손에 든 채 곤혹스러운 표정을 짓는 역무원. 무슨 일인지 궁금해하는 게 인지상정일 것이다.

"당신, 오사카 성으로 가보는 게 어때?"

구경꾼 중 한 사람이 구조선을 띄워 보냈다.

"무슨 일인지는 몰라도 오사카 성 공원에 포장마차가 엄청 나와 있다던데. 그 사과도 팔릴지 모르잖은가."

"그래, 그게 좋겠네. 음식 이벤트인가 뭣이라고 하던데."

몇몇 사람이 이구동성으로 거들었다.

역무원은 무거운 짐을 내려놓은 듯 안심한 표정을 지었다. 그러곤 어디선가 바퀴 달린 밀차를 끌고 와 이걸 빌려 줄 테니 제발 그렇게 하라고 권했다.

하늘이 무너져도 솟아날 구멍이 있다는 표현은 바로 그런 상황을 가리키는 말일 것이다. 물론 기무라 씨가 거절할 까닭이 없었다.

밀차에 사과 상자를 싣고 의기양양하게 오사카 성 공원으로 향했다. 한 시간 이상 걸렸을 테지만, 눈 깜짝할 새 도착한 기분이었다.

이벤트 책임자에게 사정을 말하자, 지금은 공식적인 자리를 내주기엔 힘들다면서, 입구 앞쪽 공간의 빈터를 내주었다. 벌써부터 몇몇 농가가 텐트 아래에서 아침에 따온 채소와 과일을 펼쳐 놓고 있었다.

기무라 씨는 나라奈良에서 감을 키운다는 농가 옆자리를 받았다. 탐스러운 그 감과 비교할 것도 없이 기무라 씨의 사과는 너무나도 초라했다. 색깔이나 모양새가 좋은 걸 골라 오긴 했지만, 막상 펼쳐 놓고 보니 상처가 꽤 많이 눈에 띄었다. 그리고 무엇보다 크기가 작았다.

이벤트장을 찾는 사람은 많아도 기무라 씨의 사과에는 눈길조차 주지 않았다. 개중에 발걸음을 멈춰 선 사람도 있지만, 사과가 너무 작아서 호기심을 보였을 뿐이다.

"이게 정말 사과요?"

"농약도 비료도 안 쓰고 키운 사과입니다. 작긴 해도……."

비장의 멘트였지만, 반응은 차가웠다. 그 조그만 과일이 사과라는 걸 확인하고 나면 흥미가 사라지는지 곧바로 자리를 떴다. 잘못된 사과라고 생각했을 것이다.

감을 파는 사람과 눈이 마주쳤다. 안쓰러워하는 표정을 짓고 있었다. 기무라 씨는 무심코 그에게 사과를 내밀었다.

"조그맣긴 해도…… 맛이 좋습니다."

물물 교환을 하는 상황이 되어 기무라 씨도 그에게서 감을 받았다. 맛있는 감이었다.

저녁때까지 목이 쉬어라 무농약 무비료를 호소했지만, 사과는 거의 팔리지 않았다. 겨우 몇몇 사람이 사주었을 뿐이다. 그것만으로도 기뻐서 준비해 간 종이 봉지가 미어질 정도로 사과를 가득 담아 주었다.

그런데도 오사카 역에서 굵은 땀방울을 흘리며 싣고 온 사과 열 상자는 거의 대부분 남아 있었다. 아오모리로 다시 보내고 싶어도 운송비가 없었다. 차를 가지고 온 감 농가에 다 가져가라고 했더니 흔쾌히 받아 준 것이 그나마 다행이었다.

히로사키까지 돌아오는 길은 지겨울 정도로 멀었다. 오사카로 향할 때의 의기양양함은 흔적도 없이 자취를 감추었다. 운송비만 벌면 된다고 생각했기 때문에 사과는 큰맘 먹고 싸게 팔았다. 하나에 60엔. 그런데도 팔리지 않았다.

가공 업자에게만 출하해서는 도저히 수지가 맞지 않고, 사과가 안 팔리면 밭을 유지할 수 없었다.

이번만은 사과나무에게 고개를 숙여도 어쩔 수 없는 일이었다. 어찌 됐든 이번 상대는 인간이다. 그리고 기무라 씨는 인간을 상대하는 일이 매우 서툴렀다.

 기무라 씨는 20대에 사과 농사를 시작해 어느덧 마흔 살이 넘어 있었다. 사과 꽃이 피었을 때는 세상의 정상에 우뚝 선 기분이었다. 어느 누구도 해내지 못한 일을 이루어 냈다는 성취감으로 가슴이 벅차올랐다. 그러나 사람들이 그 사과에 눈길도 안 준다면 무슨 소용이 있겠는가. 내가 해온 일이 잘못되었다는 뜻일까.

 기무라 씨는 우울한 마음을 안고 밭으로 향했다.

 사과나무들은 어느덧 겨울을 준비하고 있었다.

 제 역할을 다 마친 잎들은 단풍에 물들어 있었다. 머잖아 잎이 떨어지기 시작할 것이다.

 다른 밭에서는 볼 수 없는 풍경이었다.

 농약이나 비료를 쓰는 밭은 무슨 까닭인지 단풍이 거의 들지 않는다. 겨울로 접어들어도 칙칙한 빛깔의 나뭇잎이 나무에 매달려 있었다.

 자연이라는 의미에서는 틀림없이 자기 밭의 모습이 올바르다. 그러나 자연의 밭에서 나온 자연의 사과가 사람들의 눈길조차 못 받는 것은 대체 어떻게 된 영문일까.

 발그레해진 잎 하나가 하늘하늘 풀숲으로 떨어졌다.

 '당신이 틀린 게 아니야.'

 그렇게 말해 주는 것 같았다.

마음이 조금은 가벼워졌다.

그 말이 맞다. 나는 잘못된 일을 한 게 아니다.

세상이 받아 주느냐 안 받아 주느냐는 문제가 안 된다. 그것은 세상이 정하는 것이다. 나는 그저 묵묵히 이 길을 걸어가면 된다. 그다음은 어떻게 되든 상관없다.

한 통의 편지가 도착한 것은 그로부터 몇 주가 지난 후였다. 종이봉지가 미어질 정도로 사과를 담아 건넨 손님 중 한 사람이 보낸 편지였다.

'그렇게 맛있는 사과는 처음 먹어 봤습니다. 보내 주세요.'

편지에는 그렇게 쓰여 있었다.

눈물이 흐르는 사과 맛

"뭐, 그런 식으로 아주 조금씩이지만, 우리 사과를 사겠다는 손님이 늘어났지. 그때 사과는 어찌 된 영문인지 무지 달았어. 지금보다 훨씬 더. 그냥 단 정도가 아니었지. 칼로 자르면 사과가 칼에 척 달라붙을 정도였으니까. 왜 그랬을까. 사과나무가 나를 도와줬는지도 몰라. 그래도 그런 사과를 용케 잘 사주셨으니 고마울 뿐이야.

처음에는 밭 상태가 안정되지 않아서 당도가 떨어지는 해도 있었어. 상처 나고 벌레 먹은 것도 많았을 거야. '달지 않아서 사과에 소금 쳐서 먹었다'는 편지를 받은 적도 있지. 그 시기를 무사히 넘길 수 있었던 것은 어디까지나 손님들 덕분이야. 달지 않아도 상처가 있어도 먹을 테니 힘내라며 날 지지해 줬지. 열매를 맺게 한 건 사과나무고, 그걸 지탱해 주는 건 자연이잖아.

그런데 날 도와준 건 역시 사람이었어. 생각해 보면 가마도케시니

바보니 하며 주위에서 이상한 눈길로 쳐다본 것도 사실이지만, 그때도 내 편이 되어 준 사람은 늘 있었어. 내가 전기세나 수도세를 못 낼 때 몰래 내준 친구도 있었고, 고물상 주인도 언제부터인가 돈을 안 받았지. '이거 가져가쇼' 하며 쓸 만한 엔진을 집어 주기도 했으니까. 은행 지점장도 이자만이라도 갚으려고 돈을 긁어모아 찾아가면 안 받을 때가 있었지. '그걸 줘버리면 생활비가 없잖아요' 하면서 말이야. 세무서에서 빨간 딱지를 붙이긴 했지만, 과장님은 '언젠가 당신 시대가 올 거야'라며 늘 격려해 줬고. 사과가 열린 후로는 이웃 밭 주인이 우리 밭과 경계에 있는 자기 밭 사과나무들을 모조리 베어 버렸어. 우리 밭에 꽃이 피었다고 알려 준 다케야 긴조 씨의 아들 마코토 씨인데, '기무라 씨 밭에 우리가 뿌린 농약이 조금이라도 날아가면 무농약은 헛일이 된다'고 말했지.

  이 고장에 있는 프랑스 레스토랑의 주방장은 우리 밭에 와서 사과가 조금이라도 팔리게 해주겠다며 사과를 이용한 요리를 만들기도 했지. 많은 사람들이 도와준 덕분에 내가 그나마 견뎌 낼 수 있었던 거야. 사과가 안 열릴 때는 도저히 그런 생각을 할 여유가 없었지만, 조금씩 일이 풀려 가면서 차츰 그걸 깨닫게 됐지.

  사과나무가 저 홀로 살아갈 수 없듯이 인간도 혼자서는 살아갈 수 없어. 나도 혼자 고생한다 착각했지만, 옆에서 도와준 사람들이 없었다면 도저히 거기까지 해낼 수는 없었을 거야. 장인 장모도 사과가 열린 지 얼마 안 지나 돌아가셨어. '설마 이렇게까지 할 줄은 몰랐다. 2, 3년 만에 포기할 줄 알았다'고 하시며 아버지가 웃으셨지. 정말이지 고생만 너무 많이 시켜 드렸어. 하나오카 세이슈華岡靑州(에도시대 외과 의사, 세계 최초로 유방암 마취 수술을 실행함)라는 사람의 전기를 읽다가, 아 이건 내 얘기구나 싶더군. 그 사람은 마취 실험을 하기 위해 자기 어머니와 아내를 희생양으로 만들었지. 덕분에 일본에 마취 기술이 보급되었지만, 과연 그 사람의 어머니와 부인은 행복했을까. 행복했으면 좋겠다는 생각이 요즘에도 가끔 들어."

기무라 씨의 밭 상태는 그 후에도 조금씩 변화해 갔다.

콩은 이와키 산에 올라갔던 때부터 5년째 되는 해부터는 뿌리지 않았다. 뿌리에 뿌리혹박테리아가 더 이상 생기지 않았기 때문이다. 첫해에는 콩 뿌리에 뿌리혹박테리아의 서식처인 알맹이들이 빽빽이 달렸다. 그리고 2년, 3년 해가 지날수록 알맹이 수가 줄어들었다. 토양에 질소가 부족하면 콩은 뿌리에 뿌리혹박테리아를 공생시켜 질소 성분을 보충한다. 뿌리혹박테리아의 활동으로 토양에 질소 성분이 늘어나 이번에는 반대로 뿌리혹박테리아 활동이 억제되었을 것이다.

5년째에 뿌리혹박테리아가 더 이상 안 생기는 걸 보면, 밭의 토양에 질소가 골고루 미치는 게 분명했다. 자연은 쓸데없는 짓은 하지 않는다. 그 증거로 뿌리혹박테리아 수에 반비례해 사과나무는 차츰 건강해졌다.

사과나무뿐만 아니라 밭 전체가 건강해졌다고 말하는 편이 옳을

지도 모른다.

　잡초도 벌레도 그 종류가 걷잡을 수 없이 늘어났다. 토양과 줄기와 잎 표면에 서식하는 균 종류까지 합하면 밭의 생물은 몇천 종에 달할 게 틀림없다. 몇천 종의 생물이 서로 경쟁하고 의존하면서 생태계라는 하나의 직물을 짜나갔다.

　콩이 밭에서 모습을 감추자, 습기를 좋아하는 풀이 세력을 떨치기 시작했다. 그 풀의 우위가 몇 년간 계속된 뒤에는 또다시 다른 종류의 풀이 제 세상을 맞았다. 만화경을 돌리듯 계절마다 해마다 각양각색의 풀이 성장하며 밭에 그리는 무늬를 바꿔 나갔다.

　벌레의 세계에서도 같은 일이 벌어졌다. 잎이 무성해지면서 잎말이나방과 자벌레가 전보다 늘어나 맹위를 떨치자, 이번에는 잎말이나방과 자벌레를 먹이로 삼는 곤충이 눈에 띄었다.

　꽃이 피고 매년 수확을 하게 된 지 한참이 지났을 때는 엄청난 벌들이 날아들었다. 장수말벌, 털보말벌, 종이말벌, 호리병벌……. 온갖 종류의 벌들이 사과나무와 그 밑동 주변 땅에 집을 지었다. 한때는 나무 한 그루에 마치 사과가 열리듯 벌집이 몇십 개나 매달려 있었다.

　"언뜻 보면 전위 예술 같았지" 하며 기무라 씨는 웃었지만, 대략 계산해 봐도 밭 전체에 벌집이 몇천 개나 있었다는 말이 된다. 벌이 너무 많아서 밭에 못 들어간 적도 있었던 것 같다. 그 벌집을 떼어 열어 보면, 잎말이나방과 자벌레가 가득 차 있었다.

벌 떼의 발생은 3년간 계속되었다. 그와 동시에 사과 밭에서 해충이 모습을 감췄다면 이해하기 쉽지만, 자연은 그렇게 뜻대로 되는 게 아니다. 4년째에는 벌집이 밭 군데군데 보일 정도로 줄었지만, 기무라 씨가 보기에 잎말이나방이나 자벌레 수가 눈에 띄게 줄어든 정도는 아니었다. 자연적인 생태계가 보전되는 장소에서 육식 동물이 초식 동물을 다 먹어 치우는 일은 일어날 수 없을 것이다.

아마도 밭에서 일어난 일들은 자연계에서 벌어지는 일종의 줄다리기였을 것이다. 태풍이라는 공기의 소용돌이에 주위 바람이 맹렬하게 휩쓸려 들어가듯 밭의 생태계에 뭔가가 일어나서, 눈에 보이지 않는 틈바구니에 수많은 벌이 생명을 이어 나갈 수 있는 틈이 생겼던 것이다. 태풍이 북으로 이동하면서 바람이 약해지듯 그 틈바구니가 또다시 다른 것으로 채워져 벌의 수가 줄어든 것이다.

그러한 줄다리기는 땅속처럼 눈에 띄지 않는 밭에서도 일어나는 게 틀림없었다. 줄다리기가 되풀이되면서 밭의 생물상은 더 풍부해졌다. 한 종류의 생물이 점하고 있던 자리에 몇 종류나 되는 생물이 들어왔기 때문이나. 다양한 생물들이 살게 되면서 밭의 생태계는 보다 탄력 있는 안정감을 획득한다.

한 줄이 아니라 몇백, 몇천 개의 줄다리기가 밭 여기저기서 일어나면 전체적으로 크게 균형을 잃을 가능성은 그만큼 낮아진다. 끊임없이 밀려드는 파도가 해안의 지형을 바꾸듯 다양한 생물의 존재가 밭의 생태계를 보다 유연하고 강인하게 바꿔 갔을 것이다.

하지만 그곳은 밭이지 야산이 아니다. 기무라 씨가 자연을 관찰한 것은 사과나무를 키우기 위해서였다. 말하자면 도토리나무의 강인함을 사과나무에 심어 주려 했던 것이다. 그러기 위해서는 사과나무와 밭 생태계의 조화를 맞춰야 했고, 그것이 기무라 씨에게 주어진 임무였다.

예를 들면 가을 풀베기가 있다. 기무라 씨는 "사과나무에게 가을을 알려 주기 위해 풀베기를 한다"고 말한다. 이와키 산에서 돌아온 후부터 잡초는 멋대로 자라게 내버려 뒀는데, 몇 년간 그러는 사이, 가을까지 풀을 자라게 놔두면 사과 열매가 붉어지기 어렵다는 걸 알아차렸다.

잡초가 단열재 역할을 해서 기온이 내려가도 지면의 온도는 내려가지 않았다. 그게 원인인가 싶어, 어느 해 가을에 시험 삼아 사과나무 주위의 잡초를 베어 주자 사과 빛깔이 좋아졌다. 그 후로는 가을이 오기 전에 딱 한 번만 밭의 잡초를 베어 준다.

벌 떼의 발생이 멈춘 후로는 사과나무에 양동이를 매달아 두었다. 양동이 안에는 사과를 발효시켜 만든 액체를 물로 희석한 것이 들어 있었다. 그것을 가지에 걸어 두면, 많을 때는 하룻밤에 백 마리가 넘는 나방이 물에 떠 있다. 말할 것도 없이 자벌레, 잎말이나방, 모충 등의 어미다. 발효된 사과에 나방 떼가 모이는 것을 보고 떠올린 아이디어였다. 나방을 자세히 관찰한 결과, 양동이 색깔은 빨강이나 노랑 등의 더운색 계열로 하고, 매다는 위치는 사람의 눈높이로 조정했

을 때 나방이 더 많이 들어간
다는 것도 알아냈다. 나방은
딱 그 정도 높이로 날아다니는
일이 많기 때문이다.

 물론 농약처럼 해충을 다 죽일 수는 없다. 그래도 수작업으로 벌레나 알을 잡는 수고는 꽤 줄일 수 있었다. 매년 끈기 있게 양동이를 매달면서 자벌레나 잎말이나방의 수가 속도는 느리지만 확실히 줄어들었다.

 기무라 씨는 가지치기도 독자적인 방법을 쓴다. 과일나무 재배에서 가지치기는 매우 중요하다. 가지를 자르는 방법에 따라 나무의 형태가 결정 난다. 그리고 나무의 형태는 열매나 잎이 나는 상태, 일조량 상태, 나아가 병이나 해충의 발생에까지 큰 영향을 미친다. 메이지 시대의 사과 농가가 병이나 해충 때문에 심각한 고통을 받은 것은 농약이 없어서이기도 하지만, 가지치기 기술이 확립되지 않았기 때문이다.

 기무라 씨는 사과 잎의 잎맥을 살피면서 가지치기를 한다. 잎맥의 형태와 사과나무 뿌리가 뻗는 방향이 일치하기 때문이라고 한다. 잎맥을 보고 뿌리 상태에 맞춰 가지를 치면 그것이 사과나무의 이상적인 형태가 된다. 미리 밝혀 두지만, 이것은 어디까지나 기무라 씨의 방법이므로 다른 과수 농가가 들으면 눈을 휘둥그레 뜰 게 틀림없다. 사과는 본래 접목이다. 뿌리는 밑나무인 해당화의 뿌리고, 잎은 거기에 접목시킨 사과 잎이다. 그런데 어떻게 뿌리와 잎맥의 형태가 일치할까.

그러나 기무라 씨의 표현에 따르면, 왜냐고 묻는 건 자기 일이 아니란다. 뿌리를 관찰하고 잎을 관찰한 결과, 그렇다고 직감한 것이다. 그리고 중요한 것은 그 직감에 따라 가지치기를 한 후 사과나무가 전보다 풍성하게 잎을 맺었고, 보다 큰 열매를 맺었다는 것이다.

"난 농민이니까 그래"라고 기무라 씨는 말한다. 이웃 가운데 한 사람이 절묘하게 표현했듯이, 기무라 씨는 학자가 아니다. 학자였다면 사과나무에 생기는 벌레 한 종류의 생태를 연구하는 데만 평생을 바칠 수도 있다. "하지만 그래서는 농민이 될 수 없지. 농민을 뜻하는 '백성'이라는 말은 백 가지 일을 한다는 의미야. 백 가지 일에 훤하지 않으면 백성 노릇은 못 해"라고 말한다.

이 말은 기무라 씨가 비꼬아 하는 말이 아니다. 벌레 한 마리의 연구가 세기의 발견으로 이어지는 경우도 있다. 물론 실제로는 벌레 한 종류의 연구로 끝나는 경우가 더 많을지도 모른다.

그렇다 해도 그 연구는 헛일이 아니다. 무수한 돌이 쌓이고 쌓여 피라미드가 만들어지듯 아무도 모르는 작은 발견의 축적이 인류가 창조한 문명이라는 거대한 구조물을 지탱해 준다. 기무라 씨도 그런 사실은 잘 알고 있다.

하지만 그런 방식으로는 '백성 노릇을 못 한다'는 것 또한 사실이다. 사과나무가 1년간 토양에서 빨아올리는 물의 양은 어떻게 변화하는가, 그 뿌리 근처에 난 잡초는 어느 시기에 어느 정도의 양분을 토양에서 빼앗아 가는가, 흙 속에는 어떤 세균이 있고 어떤 활동을 하는가, 교미 교란제(곤충의 교미를 교란함으로써 알의 수정률을 떨어뜨리는 약제)는 밭에 모여드는 나방의 생식 활동을 어느 정도로 저해시키는가, 올해의 겨울 날씨와 내년의 여름 날씨는 서로 어떤 관계가 있는가…….

기무라 씨에게 들은 이야기를 다 쓰려면 책 한두 권으로는 턱없이 부족하다. 실은 기무라 씨를 취재하기 위해 몇몇 전문가들의 조언을 들었다. 그중에는 농업 전문가도 있고, 생태학 연구자도 있다. 그런데 취재에서 얻은 그 어떤 최신 지식을 펼쳐 놓아도 기무라 씨를 당해 낼 재간이 없었다. 기무라 씨는 사과 재배에 관한 한 모르는 게 하나도 없을 거라는 생각까지 들었다. 놀랍게도 그 대부분의 지식은 기무라 씨가 자기 밭에서 일하며 직접 터득한 것이다.

기무라 씨의 밭이 연구자들 사이에서도 조금씩 알려지기 시작했다. 농약을 안 쓰는 사과 밭은 관련 분야 연구자에게는 보물섬 같은 존재였다. 예를 들어 해충 연구자들에게는 최고의 해충 채집 장소였다. 사과에 생기는 병을 연구하는 사람에게도 마찬가지였고, 인공 페로몬 효과를 시험하는 데도 농약을 안 쓰는 기무라 씨의 밭은 더할 수 없이 고마운 실험 장소였다.

그런 연구자나 전문가의 도움이 있었던 것도 사실이지만, 그래도 기무라 씨는 그 모든 것을 자신의 눈과 손으로 직접 조사했다. 자기 밭을 필드 삼아 학자 뺨칠 정도의 연구를 계속해 왔다고 말할 수 있다.

기무라 씨가 학자와 농민의 차이를 각별히 강조하는 이유는 비아냥거림이나 겸손이 아니라, 방법론의 차이를 말하는 것이다.

자연을 나누고 분해해서 이해하고자 하는 사람이 자연 과학, 즉 학자의 방법론이라면, 기무라 씨는 자기가 하는 일은 정반대라고 말하고 싶을 것이다.

자연은 따로 떼어 낼 수 없다. 그것은 기무라 씨가 숲 속 도토리나무 밑동에서 깨달은 소중한 진리였다. 자연 속에 따로 독립해서 살아가는 생명 따위는 존재하지 않는다. 자연을 아무리 정교하고 치밀하게 분석한다 해도 사람은 사과 한 알 창조할 수 없다. 조각조각 떼어 놓는 게 아니라, 하나의 연결 고리로 이해하는 것, 과학자가 하나하나의 부품으로 분해한 자연이 아니라 무수한 생명이 서로 연결되면서 얽히고설켜 존재하는 살아 있는 자연 전체와 마주하는 것이 농민의 일이다. 때문에 백 가지 일에 정통하지 않으면 안 된다.

이것은 말만큼 쉽지 않다. 뭔가를 이해할 때, 인간은 습관처럼 사물을 분석적으로 바라보기 때문이다. 그래서 기무라 씨도 사과 줄기의 물관을 잉크로 물들이고, 전기 저항을 재보고, 수분의 이동량을 분석하기도 한다.

하지만 그는 그렇게 해서 얻은 지식을 자신의 직감에 따라 사과나무 손질과 연결시킨다. 그것이 맞느냐 틀리느냐는 일류 학술지에 실리느냐 실리지 않느냐의 문제가 아니라, 사과 밭에서 얼마나 좋은 열매를 맺느냐로 결정 난다.

사과가 그의 학술 논문이자 유일무이한 업적인 것이다.

따라서 그러한 의미에서 볼 때, 자기는 학자가 아니라 백성이라고 말하는 것은 그에게는 일종의 철학 같은 것인지도 모른다. 그는 진정한 농민으로서 자연 과학의 한계 저 너머에 다다르고자 하는 것 같다.

1991년 가을, 태풍이 아오모리 현을 휩쓸어 사과 농가들이 치명적인 피해를 입은 일이 있었다. 사과가 거의 다 떨어졌을 뿐 아니라, 사과나무까지 바람에 넘어가는 피해를 입었다. 아오모리 현 내의 사과 피해액만 해도 742억 엔을 넘어섰다.

그런데 기무라 씨의 밭 피해는 아주 가벼웠다. 다른 밭에서 뽑힌 사과나무가 날아올 정도로 거센 바람이 불었는데도 80퍼센트 이상의 열매가 가지에 남았던 것이다. 사과나무는 꿈쩍도 하지 않았다. 뿌리가 보통 사과나무보다 몇 배 깊이 뻗어 있다는 이유뿐만은 아니었다. 기무라 씨의 사과는 가지와 열매를 연결하는 꼭지가 다른 나무보다 훨씬 두껍고 단단했다.

밭의 모습은 매년 변화를 보이면서 사과 생육에 가장 이상적인 상태로 가까워졌다. 전에는 그렇게 많이 생기던 자벌레가 2000년을 지난 무렵부터 무슨 까닭인지 그 모습을 감췄다. 그래서 최근 몇 년은 발효 사과를 넣은 양동이도 매달지 않는다. 물론 손목에 비닐봉지를 걸고 벌레를 잡는 작업도 필요 없다. 잎에 반점낙엽병이나 검은별무늿병이 생기는 일은 있지만, 잎이나 열매를 해치는 비율은 아주 낮다. 간혹 병이 생겨도 밭 전체로 퍼지지 않는다.

농약을 안 뿌렸는데도 어떻게 그런 일이 생길까.

아마 밭에 충분한 영양분이 존재하지 않기 때문일 거라고 기무라 씨는 말한다.

무농약 재배를 해오면서 기무라 씨가 발견한 것이 있다.

비료는 그것이 화학 비료든 유기 비료든 간에 사과나무에 여분의 영양을 주기 때문에 해충을 끌어들이는 원인이 된다는 사실이다. 물론 비료를 주면 사과 열매는 손쉽게 큰 모양으로 열리게 할 수 있다. 그러나 사과나무로 보면 쉽게 영양을 얻을 수 있기 때문에 땅속 깊이 뿌리를 뻗을 필요가 없다. 운동도 안 하는데 먹을 것만 풍족하게 주는 어린이와 마찬가지다.

오늘날 어린이들에게 면역계 질환이 늘었다는 것은 잘 알려진 사실인데, 비료를 너무 많이 준 사과나무에서도 비슷한 일이 벌어지는 게 아닐까. 그 결과, 자연적인 저항력을 잃어 농약 없이는 해충이나 병을 못 이기는 게 아니냐고 기무라 씨는 말한다.

다른 밭의 사과나무 뿌리 길이는 기껏해야 몇 미터 정도다. 그런데 밭에 잡초를 키우고 비료도 안 주는 기무라 씨 밭의 사과나무는 20미터 이상이나 뿌리를 뻗고 있었다. 땅 위의 가지나 잎을 보면 별 차이 없지만, 지하의 뿌리를 보면 거의 다른 생물이다. 병과 해충이 만연하지 않게 된 것은 그와 깊은 연관이 있다.

그러나 단지 비료를 안 준다고 해서 그렇게 되는 건 아니다. 그렇게 간단히 끝날 일이라면 기무라 씨가 그 고생을 할 필요도 없었다.

한 가지 분명히 말할 수 있는 것은, 이렇게 하면 저렇게 된다는 일대일의 인과 관계가 아니라는 점이다. 해충이 모습을 감춘 것도, 병이 줄어든 것도 원인은 하나가 아니다.

비료는 화학 비료든 유기 비료든 주지 않는다. 사과나무 뿌리를 해치는 농기계는 절대로 밭에 들이지 않는다. 밭에 잡초를 자라게 해서 흙을 자연 상태에 가깝게 만든다. 토양에 질소가 부족하면 콩을 뿌린다. 가을에는 딱 한 번만 풀베기를 한다. 병의 발생 기미를 잘 살피고 자주 식초를 뿌려 준다. 해충이 늘기 시작하면 발효 사과즙을 넣은 양동이를 나뭇가지에 걸어 준다. 잎맥을 보면서 가지치기를 한다…….

이유를 찾자면 기무라 씨가 지금까지 해온 모든 것이 이유다. 그 결과, 사과나무는 보통으로는 상상조차 할 수 없을 정도로 튼튼해졌다. 그래서 농약이나 비료의 도움 없이도 열매를 맺었을 것이다.

기무라 씨는 농약이나 비료 대신 자기의 눈과 손으로 생태계라는 자연의 섭리를 살려 내며 사과를 키운다고 말해도 좋을지 모르겠다.

다시 말해 기무라 씨의 밭은 자연과 사과나무, 그리고 기무라라는 인간의 합작품인 셈이다.

30년이라는 세월을 바쳐 기무라 씨는 그런 밭을 만들어 냈다.

물론 기무라 씨 자신은 그저 사과나무를 도왔을 뿐이라고 말하지만…….

그리고 사과나무는 놀라울 정도로 맛있는 열매를 맺었다.

겉모양은 지극히 평범하다.

별로 크지도 않고, 형태는 살짝 일그러져 있고, 작은 상처도 있다.

겉모양은 백화점 지하 식품 매장에 늘어선 최고 상품이 아니다. 그렇게 아무 특별할 것 없는 사과를 처음 베어 문 순간, 나도 모르게 눈물이 흘러나올 것 같았다.

물론 선입견이 있었던 것은 인정한다.

사과를 베어 물면서 기무라 씨가 30년 동안 겪었던 이루 말할 수 없는 고뇌를 떠올린 것도 사실이다.

그러나 눈물의 이유는 그것만이 아니었다.

그 사과는 믿기지 않을 정도로 맛있었다.

너무 맛있는 것을 먹으면 사람은 눈물이 나온다는 걸 그때 처음 알았다. 한 입 베어 문 순간, 과장이 아니라 내 온몸의 세포가 환호하는 느낌이 들었다.

'이거야, 이거! 바로 이거야!'

온몸의 세포가 그렇게 외치는 것 같았다.

단맛이니 신맛이니를 말하는 게 아니다.

물론 그 사과는 그런 요소들까지 다 포함해서 맛있지만, 그 이상의 뭔가가 흘러넘쳤다.

그 뭔가를 말로 설명하기는 힘들다.

무리하게 표현한다면, 생명이라고밖에 할 수 없는 그 무엇이다.

혹은 이 세상에 살아 있는 기쁨의 진수라고 할 만한 무언가가 그 사과 속에는 충만했다.

엄마와 떨어져 자라던 아기가 엄마 품에 처음 안겼을 때, 과연 어떤 표정을 지을까. 틀림없이 눈물을 흘릴 것 같은 생각이 든다. 그러곤 정신없이 엄마 품에 얼굴을 파묻지 않을까.

사과를 먹으면서 그런 생각이 들었다.

문득 정신을 차려 보니 손안에 남은 것은 사과 씨뿐이었다. 사과 심까지 먹어 버린 것이다. 그것조차 알아채지 못할 정도로 심까지 맛있는 사과였다.

마지막으로 사족을 붙인다.

기무라 씨의 사과는 왜 그렇게 맛있을까?

거기에는 아마도 합리적인 설명을 붙일 수 있을 듯싶다.

와인이 좋으니 나쁘니 말할 때 빠지지 않는 말이 테루아르(terroir)다. 대지의 향기쯤으로 번역하면 좋을까. 포도가 자라는 토지의 지질학적 성격이 와인의 맛이나 향에 많은 영향을 미친다. 그 토지에서 유래하는 와인의 특성을 테루아르라 부른다.

그런데 이 테루아르를 보면 비옥한 밭보다 오히려 척박한 토지에서 자라난 포도가 최상의 와인이 되는 일이 적지 않다. 포도나무가 부족한 영양분을 찾아 지하 깊숙이 뿌리를 뻗음으로써 포도는 토양 속의 다양한 미량의 원소를 섭취해 향이나 맛이 훨씬 복잡하고 깊은 맛을 내게 된다.

태풍에도 꿈쩍하지 않을 정도로 깊고 굵은 뿌리를 땅속에 뻗은 기무라 씨의 사과에서도 똑같은 일이 일어날 가능성은 쉽게 상상할 수 있다.

그렇게 생각해 보면 비료라는 인공적 영양으로 키운 사과에 비해 기무라 씨의 사과가 훨씬 다양한 향과 단맛을 갖추었다는 것은 전혀 신기한 일이 아니다. 예를 들면, 그것은 천연 도미와 양식 도미의 맛 차이라고 할 수 있을 것이다.

다만, 한 가지 불가사의한 일이 있다.

기무라 씨가 말라 죽어 가는 사과나무 한 그루 한 그루를 돌며 '말라 죽지는 말아 달라'고 부탁하며 돌아다녔을 때의 일이다.

사실 기무라 씨가 모든 사과나무마다 말을 건넸던 건 아니다. 남의 밭이나 도로 경계에 접해 있는 사과나무에겐 말을 건네지 않았다. 사과나무와 말하는 자기 모습을 주위 농가에게 보이고 싶지 않았기 때문이다.

기무라 씨의 애원에도 불구하고 말라 죽은 사과나무는 적지 않다. 밭 여기저기에 메마른 사과나무가 서 있다.

그 마른 사과나무를 조사하던 기무라 씨는 기묘한 사실을 알아차렸다.

말라 죽은 사과나무는 일정하지 않았고, 장소에 따른 규칙 같은 것도 물론 없었다. 강한 사과나무는 살아남고 약한 사과나무는 말라 버렸다.

그런데 한 가지 예외가 있었다. 도미노를 쓰러뜨린 것처럼 한 줄의 사과나무만 전멸했던 것이다.

기무라 씨는 지금까지도 그 일을 뼈아프게 후회한다.

기무라 씨가 말을 건네지 않은 사과나무가 한 그루도 안 남고 말라 버린 것이다.

에필로그

달 착륙보다 더 소중한 인류의 미래

2007년 8월.

기무라 씨는 이와키 산기슭의 사과 밭에 있었다.

밭에는 어렴풋하게 식초 냄새가 떠다녔다. 오전 중에 식초를 뿌린 모양이다.

울창한 사과 잎 너머에서 기무라 씨가 사다리 위에 앉아 작업하고 있었다. 아래를 내려다보니 대지가 갈라져 낭떠러지에 앉아 있는 것 같았다던 그 사다리였다.

그저 짐작으로만 금속의 단단한 사다리일 거라 예상했는데, 기무라 씨가 앉아 있는 것은 오랜 세월 사용해서 따스함이 감도는 나무 사다리였다. 사다리 아래에는 부인 미치코 씨가 있었고, 두 사람은 즐겁게 얘기를 나누고 있었다. 방해하고 싶진 않았지만, 기무라 씨가 보여 주고 싶은 게 있다고 했다.

"이거, 이 잎을 봐. 동그랗게 구멍이 뚫렸지. 뭐 같아 보여?"

기무라 씨는 잎 한 장을 손에 들고 있었다. 정말 잎 한가운데에 둥근 구멍이 뚫려 있었다. 벌레 먹은 걸까. 그렇게 말하자 기무라 씨는 예상한 대답이라는 듯 고개를 저으며 웃었다.

"아니야. 이건 사과가 스스로 구멍을 낸 거야. 실은 나도 처음엔 벌레 먹은 줄 알고 지나쳤지. 그런데 벌레는 절대 이런 모양으로 잎을 갉아 먹지 않거든. 오랫동안 신기하게 여겨 왔는데, 어느 날 구멍 뚫린 잎 옆에 반점낙엽병 특유의 갈색 병반이 나타난 잎을 발견했지 뭐야. 어라 싶더군. 그래서 그 병반이 어떻게 되는지 지켜보았지. 그랬더니 병에 걸린 부분이 바짝바짝 말라 가는 거야. 잎이 그곳에만 수분 공급을 끊은 거지. 보급로를 끊어 적을 항복시키는 공격법을 쓰는 셈이지. 그러는 사이 병반 부분만 똑 떨어져 나가고, 구멍이 뚫린 거라. 그뿐만이 아니야. 이 구멍이 뚫린 다음엔 옆에 있던 작은 잎이 점점 커지지 뭐야. 잎을 잃은 만큼 보충하는 거지. 자로 재봤더니 뚫린 구멍 크기와 옆의 잎이 커진 양이 거의 같더군. 구멍이 너무 커서 그것으로 보충할 수 없게 되면 이번에는 가지 끝에 새로운 잎을 맺지. 밭에 비료를 주던 시절에는 병에 걸려도 이런 구멍이 안 생겼어. 이 밭에는 양분이 빠듯할 정도밖에 없으니까, 아마 사과나무가 본래 가지고 있던 자연의 힘을 이끌어 냈을 거야. 알면 알수록 자연은 정말 대단하단 생각이 들어. 자연을 도와주고 그 은혜를 나눠 받는 거지. 그게 진정한 농업이야. 그게 농업이 마땅히 갖춰야 할 자세이고. 안타깝게도 오늘날의 농업은 그런 모습에서 벗어났어. 그 말은 곧 언제까지고 이 방법을 계속할 수 없다는 의미야. 옛날에는 대규모 농사법에 동경을 품기도 했지만, 대규모 농경 지대는 차츰 사막화되고 있잖아. 미국의 곡창 지대나 옛 소련의 집단 농장이 지금 어떻게 되었는지를 보면 금방 알 수 있지. 과학이 아무리 발전해도 인간은 자연에서 벗어나 살아갈 수 없어. 그렇잖아, 인간 자체가 자연의 산물인걸. 인간이 진심으로 자신을 자연의 조력자로 생각하느냐 않느냐, 난 인간의 미래가 거기 달렸다고 생각해. 절대 과장된 말도 빈말도 아니야. 내가 할 수 있는 일은 사과나무를 돕는 정도뿐이야. 대단한 일을 할 수 있는 게 아니라고. 그러나 그 일은 틀림없이 인간의 장래에 도움이 될 거야. 이건 좀 과장된 말이겠지만, 그래도 마음 깊은 곳에서 진심으로 그렇게 생각하게 됐지."

전혀 과장된 말이 아니다. 기무라 씨는 인류의 미래에 있어 비행기를 띄우는 것보다, 달에 착륙하는 것보다 훨씬 더 소중한 일을 이루어 냈다.

사과나무에는 아직 푸릇한 열매가 주렁주렁 매달려 있었다. 수확의 계절을 코앞에 두고 있다. 그 평화로운 광경을 바라보다가 새삼스레 바로 '이곳'이라는 생각이 들었다.

소년 시절 형과 함께 사과나무를 심은 곳, 네 군데 사과 밭 중에서 맨 처음 무농약을 시작한 곳, 산속에서 모든 걸 끝내기로 결심하고 밧줄을 엮은 곳, 꽃 일곱 송이가 피어난 곳, 그리고 9년 만에 만개한 사과 꽃을 본 곳, 모든 일이 그 밭에서 일어났다.

그 밭에서 사과나무와 함께해 온 것이다. 사람들에게 야유당하고, 바보 취급 받고, 가난에 고통받으면서도 오로지 한 길을 묵묵히 걸어온 것이다.

문득 그런 이야기를 전에도 들어 본 듯한 느낌이 들었다.

바다와 아주 멀리 떨어진 곳에서 한 남자가 배를 만들었다. 홍수가 날 리 없다. 세상 사람들은 그렇게 말하며 남자를 비웃었지만 남자는 자기가 믿는 바에 따라 묵묵히 배를 만들어 갔다.

그리고 남자는 그 배에 지상의 모든 동물들을 한 쌍씩 태웠다.

농약도 비료도 안 뿌렸는데 이 밭의 사과나무는 어떻게 벌레와 병에 무너지지 않았을까. 그 수수께끼는 끄트머리부터 조금씩 풀리기 시작했다.

히로사키 대학 농업 생명 과학부의 스기야마 슈이치杉山修一 교수의 연구에 따르면, 기무라 씨 밭의 토양이나 사과 잎 표면에는 다른 밭의 몇 배에 달하는 미생물이 있다고 한다. 시라카미白神 산지의 원시림과 기무라 씨 사과 밭의 상태가 매우 흡사한 모양이다. 곤충과 잡초의 종류나 수는 아직 조사되지 않았지만, 분명 같은 결과가 나올 것이다. 그걸 보면 다양한 생물들의 줄다리기가 병이나 벌레의 이상 발생 현상을 억제하는 건 거의 확실하다.

그러나 이 이야기는 다른 시점에서 바라볼 수도 있다. 다른 밭에

선 살아갈 수 없는 생물들을 기무라 씨가 사과 밭이라는 이름의 배에 태워 준 게 아닐까.

언젠가 반드시 찾아올 그날에 대비해서…….

이집트도 메소포타미아도 고대 문명이 번성했던 곳은 모조리 사막화되었다. 삼림을 벌채하고 모두 파괴해 버렸기 때문이다. 현대인은 고대인의 얕은 사려를 비웃을지 모른다. 그러나 우리가 지금 웃을 수 있는 것은 단지 화석 연료를 쓰는 기술을 가지고 있다는 데 지나지 않는다. 삼림이 사라져도 아무렇지 않게 먼 삼림에서 나무를 실어 올 수 있기 때문이다. 토지가 사막화되어도 또 다른 토지에 밭을 만들 수 있기 때문에 무슨 일이 벌어지는지 애써 모른 체한다. 농약이나 비료를 안 주면 사과가 열매 맺지 못하는 것과 똑같은 차원에서 현대인은 농약이나 비료 없이는 살아갈 수 없게 되었는데도 그 의미를 심각하게 생각하는 사람은 적다.

언제까지고 그런 일을 계속할 수는 없는 노릇이다.

화석 연료가 먼저 고갈될지, 아니면 환경이 먼저 회복 불가능한 상태로 파괴되어 버릴지는 알 수 없지만, 어느 쪽이든 그렇게 되면, 현대 농업이 무너지는 것은 불을 보듯 훤하다.

그것이 백 년 후일지 아니면 30년 후일지는 누구도 알 수 없다. 하지만 대홍수는 언젠가 반드시 찾아온다.

"그러니까 이 밭은 노아의 방주인 셈이죠?"

뜬금없이 이런 말을 툭 건넸는데도 기무라 씨는 곧바로 의미를 알아챈 듯했다.

"분명 그렇게들 말하겠지?"

그러더니 양손을 펼치고 성자 같은 포즈를 취하며 중얼거렸다. 그러고 나선 유쾌하게 웃어 젖혔다.

기무라 씨는 최근 몇 년간 전국을 돌며 농업 지도를 해왔다. 상대는 사과 농가만이 아니다. 쌀, 채소, 차는 물론 올리브나 망고 재배 농가까지 농약과 비료를 쓰지 않는, 보다 자연에 가까운 농업으로 이행하기 위해 기무라 씨의 조언을 들었다. 그리고 기무라 씨의 조언을 들은 농지는 논이든 밭이든 몰라볼 만큼 풍요로워졌다. 입소문이 퍼지면서 요즘은 해외에도 초대받아 강연하고 농업 지도를 한다.

기무라 씨가 진심이라는 걸 알 수 있는 것은 쌀이든 채소든 무농약 무비료 재배로 수확이 안정되면 가능한 한 가격을 내리라고 충고하기 때문이다.

기무라 씨의 사과도 뛰어난 맛과 희소가치를 생각하면 지금 가격의 다섯 배를 받아도 팔릴 게 분명하지만, 기무라 씨는 절대 그렇게 하지 않는다. 가능하다면 일본 전국의 모든 사람에게 자기 사과를 맛보게 하고 싶어 한다.

적어도 누구나 살 수 있는 가격이어야 한다고 기무라 씨는 말한다.

물론 가격이 비싸도 사겠다는 손님은 분명 있을 것이다.

무농약 무비료로 농작물을 재배하려면 손이 많이 갈뿐더러 농약이나 비료를 쓰는 농가에 비해 아무래도 수확량이 떨어진다. 될 수 있으면 높은 가격에 팔고 싶은 게 생산자의 당연한 심정이라는 건 충분히 이해가 간다.

하지만 그렇게 되면 무농약 재배 작물은 아무리 시간이 흘러도 일종의 사치품으로 남을 뿐이라고 기무라 씨는 말한다. 무농약 작물이 부유한 사람들을 위한 사치품인 한, 무농약 무비료 재배는 특수 재배라는 단계를 넘어설 수 없다.

현재 상황에서는 어려울지 몰라도 언젠가는 자기들이 하는 방법으로 만든 작물을 농약이나 비료를 준 농작물과 경쟁할 수 있는 싼 가격에 출하시킨다.

그것이 기무라 씨의 꿈이다.

가격에 큰 차이가 없으면, 세상 사람들 대부분은 무농약 무비료 농작물을 택할 게 틀림없다. 무농약 사과와 그렇지 않은 사과가 같은 가격에 팔린다면 대부분이 무농약 사과를 살 게 분명하다.

그렇게 되어야 비로소 일반 농가들도 진지하게 무농약 무비료로 농작물을 재배할 생각을 하게 될 것이다. 그것이 가장 중요한 일이고, 그렇게 만들기 위해 기무라 씨는 부탁이 오면 가능한 한 나가서 이야기한다. 그토록 고생해서 얻은 사과 재배법도 원하는 사람 누구에게나 아낌없이 가르쳐 준다. 그것을 자기의 전매특허로 만들 생각은 꿈에도 해본 적이 없다. 몇 년 안에 기무라 씨의 밭처럼 무농약 무비료로 사과를 수확할 수 있는 밭이 몇 군데 생길 것이다.

고생을 그렇게 했으니 조금은 이익을 얻어도 나쁘지 않을 것 같은 데, 기무라 씨는 그런 데는 전혀 흥미를 가지지 않는다. 지금도 변함없이 이가 빠진 채 살아가고, 집의 창호지도 그대로다.

그런 것보다도 중요한 게 있다는 걸 알기 때문이다.

문명이 지나치게 진보하는 바람에 인간은 자신들의 뿌리가 어떻게 되었는지 잊고 말았다. 인터넷이 아무리 편리해도, 휴대 전화로 세계 어디서든 통화할 수 있다 해도 사람은 매일 뭔가를 먹지 않고는 살아갈 수 없다. 생태학자의 표현을 빌리면, 인간은 식물의 기생충인 셈이다. 농업은 사람의 생명을 지탱해 주는 뿌리다.

그 뿌리가 말라 버리면 사람은 살아갈 수 없다.

누구나 알고 있는 사실이겠지만, 뿌리가 이렇게 야위고 가늘어졌는데도 아무렇지 않은 표정을 짓는 게 현대인의 참모습이다.

기무라 씨는 그런 말은 별로 하지 않는다. 언젠가 알아줄 날이 오리라 믿고, 명예도 보답도 요구하지 않고, 자기 할 일을 묵묵히 계속해 나갈 뿐이다.

정말 대단한 사람이라는 생각이 마음 깊은 곳에서 절로 우러나온다.

불현듯 그가 조금 전에 양손을 펼치며 했던 말이 떠올랐다.

그 말을 들었을 때는 소름이 돋았다.

농담처럼 말하긴 했지만, 기무라 씨는 분명 이렇게 중얼거렸다.

"내 배에 타시오."

그날은 무더운 여름날이었고, 히로사키 시내의 기온도 30도를 넘어섰지만, 기무라 씨 밭에는 시원한 바람이 불었다. 저 아래 세상은 너무 덥다고 투덜거리자, 기무라 씨가 웃으며 "그럼 여기서 원고를 써요" 하고 권했다.

그런 연유로 이 책의 대부분은 기무라 씨의 밭에서 썼다.

풀숲에 앉아 컴퓨터를 열면 사과 잎이 시원한 그늘을 만들어 주었다.

제멋대로 자란 잡초의 바다에서 메뚜기가 뛰어다니고 벌이 날고, 어디선가 개구리 울음소리가 들렸다. 밭이라기보다는 야산 풍경이었다.

지볼트가 이 밭을 봤다면 과연 무슨 말을 했을까.

이시카와 다쿠지

추천의 말

나무 위로 펼쳐지는 창공

거대한 대상을 만났을 때는 왜 상쾌한 기분이 드는 걸까.

NHK 〈프로페셔널-프로의 방식〉 녹화 스튜디오에서 기무라 아키노리 씨를 처음 만난 날, 우리 삶에 오랫동안 익숙해진 '문명'의 두툼한 뚜껑이 열리고 끝없이 펼쳐지는 맑고 깊은 창공이 그 모습을 드러냈다. 지금껏 알아채지 못했던 생명의 가능성이 반짝였다. 그 웅장한 풍경 한가운데 몸집 작은 기무라 씨의 모습이 있었다. 기무라 씨와 나눈 이야기는 아직도 내 마음 깊은 곳에 또렷이 아로새겨져 있다.

그로부터 1년 반. 논픽션 작가 이시카와 다쿠지 씨가 기무라 아키노리 씨의 인생을 취재하여 한 권의 책으로 정리해 주었다. 책장을 넘기자, 기무라 씨와 대화를 나누며 받았던 깊은 감명이 되살아나면서 아직 모르고 있던 기무라 씨의 다른 모습을 알아 가는 기쁨에 사로잡혔다.

　불가능이라 여긴 무농약 무비료 사과 재배. 이를 실현하기 위해 고군분투해 온 기무라 아키노리 씨의 인생은 흡사 한 편의 드라마를 보는 것 같다.

　품종 개량으로 열매가 달고 커진 사과나무는 병충해에 약하다. 농약을 쓰지 않자 벌레가 대량으로 발생하고 잎은 병들어 떨어졌다. 제철도 아닌데 사과나무는 미친 꽃을 터뜨렸다. 이듬해에는 꽃망울조차 맺지 않았다. 농약을 쓰는 일반 농사법을 하는 주변 밭의 사과는 순조롭게 열매를 맺었지만, 기무라 씨의 밭만 참상을 드러냈다. 그가 '가마도케시'라 불린 까닭도 바로 거기에 있다.

　기무라 씨는 수수방관하고 지켜보고만 있을 사람이 결코 아니다. 이미 청소년 시절부터 진공관을 사용해 컴퓨터를 만들고자 했을 정도로 창조력이 풍부한 사람이었다. 늘 뭔가를 하지 않으면 마음이 편치 않았다. 이것저것 시험해 보았다. 주위 사람들이 감동받을 정도로 밝고 긍정적인 사람이었다. 하지만 그런 기무라 씨도 쉽게 넘어설 수 없을 만큼 '무농약 무비료' 사과 재배의 벽은 높았다.

　기무라 씨는 막다른 궁지로 내몰렸다. 죽음을 결심하고 올라간 산중에서 사과나무의 환영을 본다. 그리고 그곳에서 깨닫는다. 산중에는 그 누구도 농약 한 방울 뿌리지 않았지만 나뭇잎들은 우거져 있었다. 그 비밀이 나무 밑의 보드라운 흙에 있다는 걸 알아차렸을 때,

기무라 씨의 길고 긴 고난은 마침내 보상을 받는다. 그는 정신없이 산을 뛰어 내려왔다. 죽을 곳을 찾아 산으로 올라갔던 것조차 까맣게 잊은 채.

숲 속의 풍부한 생물상. 그곳에서 만들어진 흙. 부드러운 흙 속에 뻗어 내린 나무뿌리. 식물들은 자연이 부여한 환경 속에서 농약도 비료도 없이 무럭무럭 자라고 있었다. 대자연 속 생명의 이치를 엿본 기무라 씨의 발견. 그것은 그야말로 '코페르니쿠스적 전환'이었다. 그 깊은 뜻과 이치를 알기 위해 인류는 몇십 년 혹은 백 년 이상의 시간이 필요하지 않을까.

농약을 뿌리는 것은, 밭의 생태계를 우격다짐으로 억누르는 것이다. 그렇게 해서 '무균 상태'로 만들면 사과는 확실히 결실을 잘 맺는다. 인위적인 조정도 가능하다. 인공적으로 관리되는 폐쇄 공간에서 '대량 생산'하는 공업 제품과 같은 접근법으로 근대 농업은 발전해 왔다. 그리고 혜택은 분명히 있었다.

그러나 농약이나 비료를 투입해 '관리'하는 농업은 높은 수확을 보장해 주는 한편, 환경에는 큰 피해를 끼쳤다. 농약 살포로 본래 존재했던 생태계가 파괴되는 것만이 아니다. 계속 비료를 투입함으로써 토양이 본래 가지고 있던 힘까지 잃게 만든다. 자립하는 자연 대신 늘 주의를 기울이지 않으면 유지할 수 없는 병적인 상태가 나타난다. 그런 환경에서 자라난 작물이 본래의 생명력을 발휘할 리 없다. 그것은 당연히 작물의 맛에도 반영된다.

기무라 씨의 사과에서는 '사과 본연'의 맛이 난다. 단순히 달다거나 싱싱하다는 게 아니라 사과가 본래 갖고 있던 복잡하고 깊은 맛이 난다. 흡사 '맛의 조각품' 같은 감촉이 남는다. 농약을 쓰지도 않고, 비료의 도움도 안 받고, 자연 속의 생명으로서 본래의 힘을 발휘해 탄생한 '기적의 사과'. 우리들이 맛보는 것은 과일이 아니라 훌륭한 생명 철학의 한 열매인 것이다.

　　기무라 씨의 사과를 생각하면, 예전에 아마조나스의 주도인 마나우스의 시장에서 마셨던 과일 주스가 떠오른다. 강렬한 태양 아래 사람들이 오갔다. 소박한 스탠드에서 마신 주스는 그때까지 마셔 본 적이 없는 생명 그 자체의 맛이 났다.

　　약에 절어 버린 무균 상태에서 영양제를 보급받는다. 그것은 바로 우리 문명인의 모습이 아닐까. 기무라 씨가 발견한 '사과 본연의 힘'을 이끌어 내는 노하우는 우리가 살아가는 방식에도 그대로 적용된다. 우리는 과연 자기 안에 깃들어 있는 생명력을 되살릴 수 있을까. 정보화 속에서 자칫하면 쇠약해지기 쉬운 우리의 생명력. 기무라 씨의 사과가 우리에게 제기하는 과제는 크다.

　　기무라 씨의 '기적의 사과'에서 '사과의 은혜'를 이끌어 낼 수 있을까. 그것은 앞으로 우리의 정진에 달려 있다. 기무라 아키노리 씨의 사과나무 위에 펼쳐지는 창공은 깊고도 드넓다.

모기 겐이치로
(뇌 과학자, 소니 컴퓨터 사이언스 연구소 수석 연구원)

옮긴이의 말

내 눈과 손이 곧 농약이고 비료다

상식으로는 생각할 수 없는 기이한 일을 우리는 '기적'이라 부른다. 그런데 여기서 말하는 '상식'이란 사람들이 보통 알고 있거나 알아야 하는 지식을 의미한다. 그렇다면 상식이라는 전제에 따라 기적의 개념 정의도 얼마든지 달라질 수 있을 것이다. 그런 상관관계를 극명하게 보여주는 책이 바로 《기적의 사과》다. 따라서 이 책에서 말하는 진정한 기적이란 절대 불가능이라 여겨진 사과의 무농약 무비료 재배의 성공에 있는 게 아니라, 인간의 잘못된 상식을 뒤엎는 과정 자체에 있다고 할 수 있다. 그 고난의 여정 한가운데는 아오모리의 '돈키호테'라 부를 만한 기무라 아키노리 씨가 우뚝 서 있다. 끝없이 되풀이되는 실패와 시련, 절박한 생활고와 세간의 비웃음을 무릅쓰고 마침내 뜻을 이루어 낸 그의 인품과 끈기야말로 조용한 혁명의 원동력이었다. 그 역시 처음부터 강한 신념이나 사명감을 품고 세계에 유례 없는 무농약 사과 재배에 도전한 것은 아니었다. 그러나 일단 그 길을 선택한 후로는 끝도 보이지 않는 캄캄한 터널 같은 외길만을 걸었고, 끝내는 인류 미래에 크게 공헌할 위업을 달성해 냈다. 그가 수많은 사람들의 존경을 받는 이유를 들자면 한이 없겠지만, 무엇보다 훌륭한 점은 변화에 대한 인간의 본능적 공포를 이겨 낸 용기, 그리고 죽음의 궁지까지 내몰리면서도 마침내 가장 기본이 되는 뿌리와 땅으로 시선을 돌릴 수 있었던 통찰력에 있을 것이다. 물론 그러한 결과는 그의 강한 호기심과 발상의 전환, 끊임없는 탐구심과 우직함, 때로는 인간의 나약함을 고스란히 드러내는 소박하고 진솔한 인간적 자질과 매력이 바탕이 되었다. 그리고 또 한 가지 그를 진정으로 존경할 만한 대상으로 우러러보게 하는 것은 그런 힘겨운 성취를 자신만의 이익으로 삼으려 하지 않고 주위로 넓혀 감으로써, 자연을 파괴하지 않고 자연의 은혜를 나누며 공존해 나가려는 더 큰 뜻을 품었다는 데 있다.

다음으로 기무라 씨의 고단한 여정에 없어서는 안 될 동반자로 그의 가족들을 들 수 있다. 가장 가까이 있던 가족들의 헌신적인 희생과 노력이 없었다면 제아무리 고매한 뜻을 가졌다고 해도 기무라 씨 혼자서는 결코 그 일을 이루어 내지는 못했을 것이다. 빈곤의 나락으로 떨어져 끼니조차 제대로 못 챙기는 상황에서도 묵묵히 남편의 뜻을 따른 아내, 어쩌다 마음 약한 소리를 내뱉은 아버지에게 절대로 포기할 수 없다고 강하게 반대한 어린 딸, 가산을 모두 탕진하고 딸과 손녀들을 밑바닥 생활로 전락시킨 사위의 뜻을 존중하며 끝까지 옆에서 함께해 준 장인과 장모. 기무라 씨 못지않게 훌륭한 가족들에게 저절로 고개가 숙여진다.

그리고 이렇듯 훌륭한 그들의 삶과 성취를 보다 많은 사람들에게 알려 더욱 빛을 발하게 해준 다큐멘터리 작가 이시카와 다쿠지 역시 빼놓을 수 없는 인물이다. 다큐멘터리인데도 인문서를 읽는 듯한 풍부한 지식과 문화론이 엿보이고, 면밀하고 성실한 취재 자세가 행간 곳곳에서 배어나온다. 기무라라는 희귀한 인물과 삶을 소개하는 데 있어 부족함이 없는 실력 있는 작가인 듯하다. 이 작품의 전체 구성도 물론 뛰어나지만, 무엇보다 돋보이는 그의 역량은 무리하게 독자의 감동을 유도하거나 신파조로 흐르지 않는 절제되고 건조한 표현력에 있다. 가장 큰 감동은 아무런 치장도 없는 사실 자체에서 우러나온다는 것을 그 누구보다 잘 아는 저자이기에 가능한 일일 것이다.

그 밖에도 이 책은 '농업을 얘기하지만 농업 책이 아니'라는 장점도 있다. 이 책은 오히려 문명 비판서로 읽을 수도 있다. 화석 연료 소비를 전제로 자연과의 대결 구조로만 발전해 나가는 현대문명에서 농업 역시 예외가 될 수 없는 산업의 하나이기 때문이다. 따라서 농업이나 먹을거리에만 한정되지 않는 이 책은 환경 문제나 문명의 역기능에 관심이 있는 분들에게도 충분히 흥미로운 내용일 것이다. '내 눈이 곧 농약이고 비료다'라는 기무라 씨의 말에서 알 수 있듯이, 그는 자연과의 대화와 화해를 바탕으로 생물의 근원, 자연 과학의 심층을 소박하게 풀어내어 철학적인 경지로까지 독자들을 안내한다. 그리고 극적이면서도 신화적인 기무라 씨의 인생담은 무언가에 미쳐 보고 싶은 사람, 혹은 미쳤다가 도중에 포기해 버린 사람들의 가슴을 유독 뜨겁게 울리는 감동의 메시지로 살아 숨 쉴 것이다.

세상에 흔히 회자되는 신념, 목표, 꿈, 그런 것들을 끝까지 관철하는 것이 얼마나 고독하고 힘든 일인지를 새삼스레 깨닫게 해주는 《기적의 사과》를 통해 정말 자신의 삶에서 중요한 것이 무엇인지 알아차리는 사람이 많아지리라 믿는다. 과학과 문명은 발달했지만 정작 '행복'한 사람은 드문 요즘, 이루 헤아릴 수 없는 모순과 왜곡투성이인 요즘, 뭐든지 쉽게 포기하는 이들이 늘어난 세상에서 이 책은 우리 모두가 잊고 고개를 돌려 버린 정작 소중한 것들에 대해 다시 생각게 하는 기회를 준다. 자신의 한계는 자신이 포기한 순간에 찾아온다는 진리와 메시지를 환한 미소와 주름 가득한 친근한 얼굴로 전해 주는 기무라 아키노리 씨의 목소리가 들리는 듯하다.

"바보가 되면 좋아. 쉬운 일은 아니지만, 하나에 미치면 언젠가는 반드시 그 답을 찾을 수 있어." 그릇된 상식이 지배하는 이 세상에서 우리는 언제쯤이나 가장 중요한 뿌리와 흙으로 시선을 돌리고, 진정한 바보에게만 보인다는 그 답을 얻을 수 있을까.

이영미

"사과는 인간이 만드는 것이 아니라
나무가 만든다"

기적의 사과